Idea man

# 一看就懂！

# 90分鐘速成經濟學入門

## 教你看懂經濟，洞悉世界運作的45堂課

首都大學東京大學院
社會科學研究所教授 長瀬勝彦◎著

吳亭儀◎譯

図解 90分でわかる経済のしくみ

# 推薦——經濟學的真義在於創造美好生活

人們的生活無日離開經濟，經濟帶來的美好與衝擊不時影響我們，但經濟學卻是多數人視為畏途的艱難學問，許多時候我們甚至刻意迴避對經濟學的學習理解，只因為它總是看起來那麼難以親近。

近年來，經濟學研究使用大量的數理模型分析，使得這門社會科學更「科學化」，卻也使得社會科學中最該有的「人味」逐漸消失，即使是專業經濟學者，也有不少迷失在數學叢林中，失去對實際經濟現象的關心與解釋能力。

經濟學的基本原理其實並不複雜，都是在探討如何將有限的資源妥善運用，以便可以創造美好生活的方法。所謂美好生活的創造，大致指的是用更有效率的方式運用資源、用更進步的方式提供商品與服務、使得社會的分配更公平等。能夠達到這些目標的，就是良好的經濟運作。我們當然可以透過大部頭的經濟學教科書細究其中原理，但人們能接觸經濟學教科書的機會，卻遠比經濟活動每天影響人們生活的機會小得多。

如果能有一本可以用平易近人語彙、清晰有條的邏輯敘述來剖析經濟現象、釐清各種誤解的經濟學入門書，我想不但是多數人的期望，對於社會凝聚共識，採取正確合理的經濟政策，應該也會有很大的貢獻。

這本《一看就懂！90分鐘速成經濟學入門》正是這樣的典範——幾乎讓人人可以立即上手，快速領略經濟學之美！

本書分為三章，分別討論市場價格機能的美妙、如何用經濟學看世界，及經濟政策的對與錯，總共有四十五個lessons。這些lessons各有主題，都是生活上切身相關的經濟課題，每一個lesson的篇幅都不長，並輔以生動的插圖，即使個別選讀亦無不可，都能饒富興味。

對許多人來說，股票、期貨、保險、匯率都不算陌生，但是對於它們運作的原理、對經濟帶來的好處，可能就不這麼真確理解。本書用最淺顯易懂的價格機制來說明這些市場的奧妙與重要性。可能在短短幾分鐘內，你對它們的認識就會遠多於過去多年的總和。

經濟學雖然源自於人性，各種利己的行為就能形成巨大的進步與改善力量，這個道理可能許多人都已了解，但最令人糾結的是，很多我們認為美好的事務，卻往往無法達到我們希望的效率、進步、公平等目標。你可以想像免費的救護車、標榜可協助窮國的「公平貿易」、商家的「保證最低價」這些看來美好的事務，往往是沒有效率、阻礙進步的嗎？許多國家追求的貿易順差、對農業的保護等政策其實可能妨礙經濟更好的運作嗎？只要依循一以貫之的經濟邏輯，我們對這些事務與政策的理解與判斷，就會更清明許多！

本書探討了許多日本歷來與最新的政策，你會發現，日本與台灣面對的問題是如此相似。

「隨收隨付制」的年金制度使得年輕人未來退休時領不足他所繳過的退休提撥、壟斷的電力事業想獲得利益是堅持發展核電的根本原因等，都是他山之石，值得我們咀嚼反思。日本用以解決區域發展不均的「故鄉稅」政策，也值得同樣面對區域發展不均的台灣參考。

一些全球正在面對的經濟課題，像是虛擬貨幣的利益與風險、通貨緊縮何以帶來危害、財政擴張的利弊得失等，本書也有很好的評介。這些內容，讓我們面對多變的世界時，能保有最清晰的思路。

或許，正如本書最後提醒我們的，「太過貧窮固然很難得到幸福，但致富也不一定能得到幸福」，真正的幸福與美好生活何在，應該是了解經濟學之後，值得人人深刻思考的課題。

中央大學經濟學系教授　邱俊榮

# 推薦——經濟學讓你避免吃壞肚子

大學讀社會系的我，因為旁聽了經濟學的課，對這門科學產生極大興趣，覺得經濟學不僅僅是數字遊戲，更能讓你瞭解人與人、人與社會之間的關係邏輯。

這個有趣的事實最終導致我最後叛逃社會學，投奔資本主義懷抱（誤），成為了一位財經作家。

不管是經濟學還是社會學，都不像其他科目是讓你透過某種技能或方法，最後得到唯一的答案。

這類學科更像是一種哲學，在乎思考的方式與過程，同時也讓你變得更加理性，這邊簡單舉兩個案例：

相信大家都有去吃到飽餐廳的經驗，付了幾百元，就想著一定要吃回本，於是肉盤不停地刷，把自己撐個半死才覺得划算。

但事實上，在你坐下的那一刻，這餐的費用就已經確定，不管你吃多吃少成本都一樣，真正要關注的，是你每「多吃一口」的成本與獲得的滿足感為何，可能吃到六分飽時，你多吃一口的成本最低，獲得的滿足感也最高；吃到九分飽時，你每多吃一口，付出的成本越高，獲得的滿足感越低，甚至是負的（因為太撐，或是可能吃壞肚子）。

覺得有趣嗎？這是經濟學中沉沒成本與邊際成本在生活中實際運用，經濟學除了能讓你避免吃壞肚子，還能讓你避開投資路上的坑：

舉例來說，市面上常有投資資訊，告訴你跟著操作就能獲利，或是購買、學會某套系統就能破解財富密碼。但經濟學會告訴你人是理性的動物，如果真的有能賺錢的方式，那麼他自己做就好了，根本不需要告訴你。

我曾經說過：學懂經濟學，能讓你活得更明白。

在現代社會中，資訊科技的進步讓我們每個人收到的資訊量越來越大，在未來大數據可能宰制我們收到的訊息，這時如何能保有邏輯、理性的思考去判斷這些資訊的好壞，提升我們的生活品質，就是本書與經濟學能幫助到你的地方。

懶人經濟學創辦人　**小賈**

# 序言

本書目的，在於協助讀者具備最基本的經濟學知識以及思考模式。

有句話說：「人是經濟的動物。」但是令人意外地，許多人對經濟的理解和解釋其實是錯的。要了解經濟，必須先學習經濟學相關知識，並且以經濟學的角度去思考。然而，似乎有不少人認為經濟學很困難、不容易進入，因此我會盡量以較容易理解的方式進行解說。

書內同時提供圖片讓讀者對照文章閱讀，可以更全面地理解經濟的樣貌。

本書是以拙作《圖解一小時看懂經濟結構》（暫譯）增訂而成。這次也在書內加入了虛擬貨幣等較新的概念。只是，本書的目的並不在於追逐近年來的話題，而是希望讓讀者知道，只要掌握經濟學的基本原理，任何人都能理解這些新事物及現象。

書中提到的大部分內容，許多人都曾經提過了，在此只是整理這些既有的知識與概念。此外，經濟學也存在著各式各樣的派別與理論，很多時候針對同一個問題出現對立的見解也並不稀奇。如果要在書中完整說明，反而會讓讀者更難進入狀況，因此書中特地採取了較為簡化的敘述模式，還請各位見諒。

許久之前，我曾經有幸參與永六輔先生主持的廣播節目。在節目中，我得知了井上廈先生的一句話：「化難為易，化易為深，化深為有趣。」自此之後，包含寫這本書的時候，我都一直將那句話放在心上。透過這本書，即使只有一點點，我都希望能夠幫助讀者更加了解經濟學的思考模式。

最後，提案企劃，並給我許多寶貴意見的編輯藤田浩芳先生、提供美麗封面設計的渡邊民人先生，以及創造了出色圖解的新田由起子老師、玉造能之老師，我要向各位致上最深的謝意。

長瀨勝彥

## 第1章

# 從「商品價格」學習基礎經濟

目錄 CONTENTS



## 第2章 用經濟學的角度看世界

# 第3章 政治與經濟的關係將如何演變？

# 第 1 章

# 從「商品價格」學習基礎經濟

只要注意近在眼前的「商品價格」，
就能學會基礎經濟。關鍵字是「需求與供給」。

Lesson 01

# 決定商品價格的方法

當「需求」與「供給」一致，
價格就決定了。

## 「市場」決定價格

大部分的商品如果價格提高，買家會減少，而賣家則會增加。相反地，若是價格降低，就會使買家增加，賣家減少。

那麼，在這當中價格是如何決定的呢？

在經濟學中，只要有人願意以該價格賣出商品，同時也有人願意出錢買單，並且雙方數量到達一定標準，就會決定商品的價格。

例如，廣場上有許多為了買賣番茄聚集而來的人。在經濟學上，這個廣場就被稱做「市場」。在市場上，還存在一個「拍賣人」的角色。拍賣人的工作，就是為買賣雙方提案番茄的交易價格。買方如果願意以拍賣人提案的價格購買，就會舉手示意；賣方則會在願意以該價格賣出時舉手。

拍賣人首先提案「八十圓」這個價格。提案後，願意以該價格賣出的舉手人數為九十人。另一方面，願意以該價格購買的人則有一百三十人。買方人數超過賣方。

接下來，拍賣人提案「一百二十圓」，願意以一百二十圓賣出的賣家為一百一十人，願意以該價格購買的買家則有八十五人。這一次的結果為賣方的人數較多。

然後，拍賣人再次提案，價格是「一百圓」。這次無論是賣方或買方，都剛好有一百人舉手。於是，在這個市場裡，番茄的價格就是一百圓。

事實上，不可能為了決定番茄的價格，就將所有人聚集到廣場上。但是，你可以用這個方式去想像價格是如何被決定出來的。

**在自由競爭的市場下，當賣方和買方的數量相等時，就會決定價格。**經濟學告訴我們，這是最合理又不會白費力氣的做法。

## 決定商品價格的結構

廣場（市場）聚集了
大批想要買賣番茄的人。
拍賣人
80圓
賣家（供給）
買家（需求）
我怎麼可能
賤賣我的水果！
我要賣！
請賣我番茄～
缺貨買不到。
有90人想賣
有130人想買
我賣！
我賣！
120圓
有點貴，
還是不買了。
有110人想賣
有85人想買
100圓
好便宜，
還是不賣了。
100圓的話
就賣吧。
有100人想賣
有100人想買
番茄就訂為
100圓!!
這就成為
番茄的價格。

## 價格會在供需一致時確立

談到經濟，經常出現「需求」和「供給」這兩個專有名詞。**各位可以將需求視為願意以該價格購買的人數總和，而供給則可視為願意以該價格賣出的人數總和。**將此結論換個說法，即為：價格會在供需一致時確立。

當然，在現實世界裡，供需不均的狀況經常發生。前述的例子充其量只能視為一個「模型」，它展示了理想狀況下應有的樣貌。這就是決定商品價格的原則，請讀者們先記住這一點。

Lesson 02

# 「市場」是效率良好的系統

當價格在供需一致的狀況下決定之後，買賣雙方都不會落單。

## 「均衡價格」是有效率的

市場是一個相當有效率的優良交易系統。因為只有在供需一致時買賣才能成立，因此買賣雙方都不會落單。透過市場，資源可以有效率地被分配運用。

如前述提到的，在自由競爭的市場之下，價格會在供需一致時被訂立出來。而這個價格就被稱為「均衡價格」，也稱為「市場價格」。**一旦確立均衡價格，所有想買的人就能以該價格購入商品，而所有希望以該價格賣出的人也能將商品全數脫手。**

當商品的價格高於均衡價格時，由於賣方人數會多於買方，因此會有賣不出商品的賣家。相反地，若商品價格低於均衡價格，則會有買不到商品的買家。**光是不**

會剩下任何買家或賣家這一點，以均衡價格進行交易就是有效率的。

## 消費者剩餘與生產者剩餘

假設均衡價格為一百圓，在現實世界中，也存在著即使你出一百五十圓也願意購買該商品的買家。如果這類買家可以用一百圓買到該商品，以經濟學的角度來看，他等於賺到五十圓。而這個買家感覺賺到的部分就稱做「消費者剩餘」。

另一方面，賣家也一樣會有願意以七十圓賣出該商品的人。如果他們可以用一百圓的價格賣出，對賣家來說，一百圓的均衡價格感覺上像賺了三十圓。跟買家的邏輯相同，賣家感覺賺到的部分就稱為「生產者剩餘」。

若把在市場上買賣的所有消費者的消費者剩餘和所有生產者的生產者剩餘加總起來，在均衡價格的狀況下，合計出來的數字將會是最大值。

就結果來說，市場的全部參與者，他們「賺到」的總額會是最多的。在這個意義下，市場交易就有其效率。

但是，如果放任市場不管，不太可能自然出現這樣的效率性。例如，若賣方是

## 在市場裡交易效率很好！

市場
1個100圓
想賣的人
100人
=
想買的人
100人

**在均衡價格之下，**
**商品會以該價格轉手到買家手上。**
**無論買方或賣方都不會落單。**

對願意以高於均衡價格購買的買家來說「賺到」了！

150圓
我也會買，
划算！
lucky
100圓
相差的這50圓

就稱為消費者剩餘

對願意以低於均衡價格賣出的賣家來說「賺到」了！

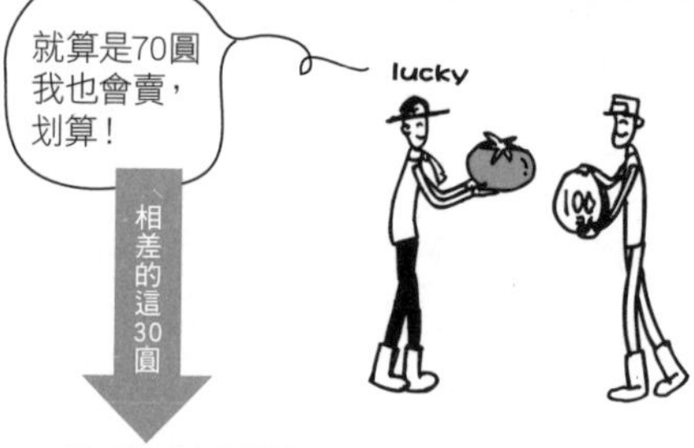
就算是70圓
我也會賣，
划算！
lucky
100
相差的這30圓

就稱為生產者剩餘

獨占業者，由於賣家不存在競爭對手，在這個狀況下買家將被迫以高價購買商品。這麼一來，就會導致應該留在消費者手中的剩餘進入生產者的口袋，使得分配變得不公平。

此時，為了確保生產者能自由地公平競爭，政府必須對此進行約制。然而，如果政府被允許進行很大程度的干預，這次就換成政府官員或政治家可能用不為人知的手段中飽私囊。因此，市場效率並不是普通的手段就能實現的。

這部分更具體的內容，會在後續的篇幅中提出並加以說明。

Lesson 03

# 股價的決定方式和其他商品相同

股票的價格也是在需求和供給達到一致時確立。

## 必須存在賣方和買方

股份公司的股票公開發行之後，就可以在市場上進行買賣。從這個角度來看，股票跟汽車或橡皮擦一樣，都是商品，沒有什麼差別。但是，買車可以開車移動，買橡皮擦可以把鉛筆字擦掉，買股票卻沒有什麼實質上的用途（現在由於電子化，甚至已經沒有紙本股票了）。

那麼，人們為何購買股票？說到底就是為了靠股票賺錢。持有股票享有定期股利（不賺錢的企業也可能不發股利），這是購買股票的目的之一。然而，比起股利，許多購買股票的人更期待股票價格上漲。

問題是，股價並不是只會上漲，因為股價大幅下跌至遠低於買入的價格，而感到相當困擾的人也不少見。

有些人會問：「為什麼股價會下跌呢？買股票的人只要持有股票到股價上漲不就沒問題了？如果每個持有股票的人都這麼做，所有人都能賺錢不是嗎？」確實，任何人都不想高買低賣自己的股票。

那為什麼股價還是會下跌？

**股票市場之所以成立，也就是說，若要在市場上完成買賣股票的行為，沒有買賣雙方是不可能成立的。**

買家期待「在這個價格買入，將來股價上漲就能賺取利潤」，而賣家則是惴惴不安地想著：「這支股票可能差不多要開始下跌了。」對買賣雙方來說，他們對這支股票未來趨勢的預測是完全相反的。股票價格的波動，取決於有人看漲、有人看跌。

如果很多人預測「這家公司的股票會漲」，則賣股票的人變少、想買的人增加，因而導致股價上漲。相反地，如果大家都認為「這家公司的股票已經不行了」，人們就會想脫手股票而幾乎沒有人願意購買，最終導致股價大幅下跌。

## 有買賣雙方，股票市場才能成立

觀察同一支股票，「看漲」的人成為買家，
「看跌」的人則成為賣家。

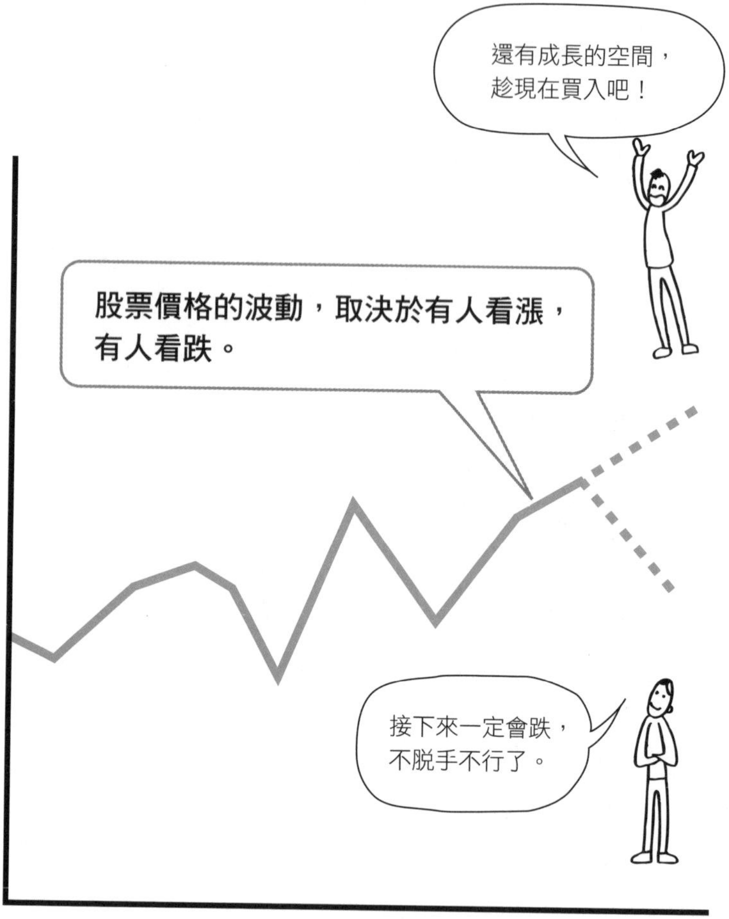

## 不是所有人都在等股價上漲

接下來讓我們回到「為什麼股價還是會下跌」的問題上。

誰都不希望投資股票卻賠錢，因此等股票上漲的人，會願意稍微等久一點。這就是所謂的「養股」。

但是這存在一些問題。第一，由於有一大群人在更低價的時候買入該股票，只要這群人認為「差不多到了賣出時機」而把股票脫手，不管你的考量是什麼，股價都會下跌。

第二，不是所有人都願意花時間等股價上漲。負債買股票的人到了需要還款的期限，或許會為了還債而賣股票。

另外，當有其他上漲機會看似更高的股票出現時，也有不少人會為補貼購買新股票的資金，認為此舉是「減少損失」而認賠殺出舊股票。

**下定決心絕對不用低於買進的價格賣出是你的自由，但是在市場上如果沒有買家，也就不會有販賣的行為了。**

Lesson 04

# 日幣貶值是利是弊？

日幣和美元等貨幣的匯率和商品價格一樣，也由供需決定。

## 只要購買日幣的人減少，日幣就會貶值

去美國旅遊回國後，應該有很多人把剩下的美金換回日幣吧。「把美金兌換成日幣」，這句話換個說法就是「用美金購買日幣」。

跟商品價格一樣，**日幣的價格也會因為受到供給和需求的影響而產生波動。想購買日幣的人增加則日幣升值，相反地，購買日幣的人減少則貶值。**

那麼，是哪些人在買日幣呢？一個是與海外保持貿易關係的企業。當日本的汽車製造商向美國出口汽車，向美國企業收取的貨款就是美金。

然而，該製造商付日本員工薪水時必須支付日幣，要付貨款給日本國內的零件製造商時，也一樣必須支付日幣。此時製造商就得拿著出口汽車時收到的美金，到

買賣各國貨幣的「外匯市場」購買日幣。因此，如果日本對外國的出口增加，購買日幣的企業也會增加，日幣就會有上漲的趨勢。

這邊請各位務必注意數字的正確看法。

看到新聞或報紙報導「一美金從一百日圓漲到一百二十日圓」時，你是否理解為「因為數字變大所以日幣升值」？然而並非如此，這其實是日幣貶值的狀態。

例如，昨天你拿著一美金還只能買到一百顆糖果，今天卻能買到一百二十顆糖果，這代表該糖果「降價了」。同樣的邏輯，一美金本來只能買到一百圓日幣，後來卻變成可以買到一百二十圓，這代表日幣貶值了。

## 利率差和通貨膨脹率也會造成影響

除了上述貿易關係者的需求以外，還有其他會影響日幣市場價格的因素。

其一是各國的利率差。對想要投資的企業和人來說，投資利率較高的國家相對有利，因此利率高的國家其貨幣也會比較高價。

另外，各國的通貨膨脹率也會造成影響。如果持有的貨幣是物價正在上升的通

## 日幣貶值的運作模式

日本
美國
利率↓下降
物價↑上升
利率↑上升
物價↓下降
比起日幣，美金更有吸引力，
把日幣賣掉買入美金吧！
日幣貶值

膨國的貨幣，將會因為該國貨幣的實質價值慢慢蒸發而造成損失。因此，通膨國的貨幣通常很容易賣出，並且價格也很便宜。

二〇一三年時，一美金約可兌換到八十圓日幣，但是從二〇一三年開始，日本央行開始強勢進行貨幣寬鬆（或稱量化寬鬆）政策，該政策甚至被稱為「異次元」（注）。這等於是調降利率。二〇一六年甚至更進一步，將民間銀行儲蓄在央行的存款利率調整為負利率。受到該政策的影響，二〇一三年後日幣貶值的狀況到達一美金可兌換到超過一百圓日幣的程度。

日幣貶值是否有利，取決於立場的差異。

基本上，日幣貶值得利的是出口公司。在一美金兌換八十圓日幣時期，輸出美國賺取一美金等於只賺到八十圓日幣；但是到了一美金可兌換一百二十圓日幣的日幣貶值時代，同樣賺一美金，卻可以兌換到一百二十圓日幣。

或者也可以透過降低商品的美金定價來大量出口。來自中國的「爆買團」赴日旅遊時，託日幣貶值的福，旅遊相關行業和零售業者的利潤也提高了。另一方面，進口業者則因為日幣貶值而叫苦連天。

這是因為日幣一旦貶值，業者不得不花更多錢購買美金的關係。

注：日本央行總裁黑田東彥於二〇一三年四月，宣佈結合安倍內閣的政策，提供能夠使物價明確上漲二％的大規模資金，並將之稱為「異次元金融緩和政策」。

Lesson
05

# 「因為花錢下廣告，商品價格變高了」，這其實是錯誤觀念

雖然成本變高了，但並不等於價格也會上漲。

## 只要商品賣得出去，每一單位的成本就會降低

你在街上是否看過這種宣傳文宣？

「知名製造商的商品因為下廣告宣傳，所以很貴。我們公司省下宣傳費，提供顧客價格更低廉的商品。」

各位接收到這樣的訊息後，可能認為不花廣告費就能廉價出售商品。但是事情並沒有那麼簡單。

製造商下廣告宣傳費，會墊高該商品的成本——到此為止是正確的。但是商品

的價格並不一定會變貴。

事實上，在一個商品中存在著各式各樣的成本。例如：開發費、材料費、製造商品的人事成本、物流相關的運輸成本等等。但是，即使花了這麼多成本，商品的價格也不一定就會愈來愈貴。

這是因為商品賣得愈好，成本就會愈低的關係。

例如，開發新型汽車花了五百億圓的開發成本。

這款新車如果只賣出五十萬輛，可以算出一輛車的單位成本是十萬圓。但是如果能賣出五百萬輛，一輛車的成本等於只花了一萬圓。

## 即使加上宣傳成本，只要商品熱賣，每一單位的成本就會減少

**此時就算投入十億的費用進行廣告宣傳，如果銷售量因此突飛猛進，整體來說一輛汽車的成本是降低的。**如果再把降低的部分拿來進行降價，打廣告不只沒有使價格上漲，甚至還降低了商品的價格。

另一方面，不下廣告宣傳費的製造商雖然沒有相關成本，卻很難把商品推銷到

## 打廣告使商品變便宜的運作架構

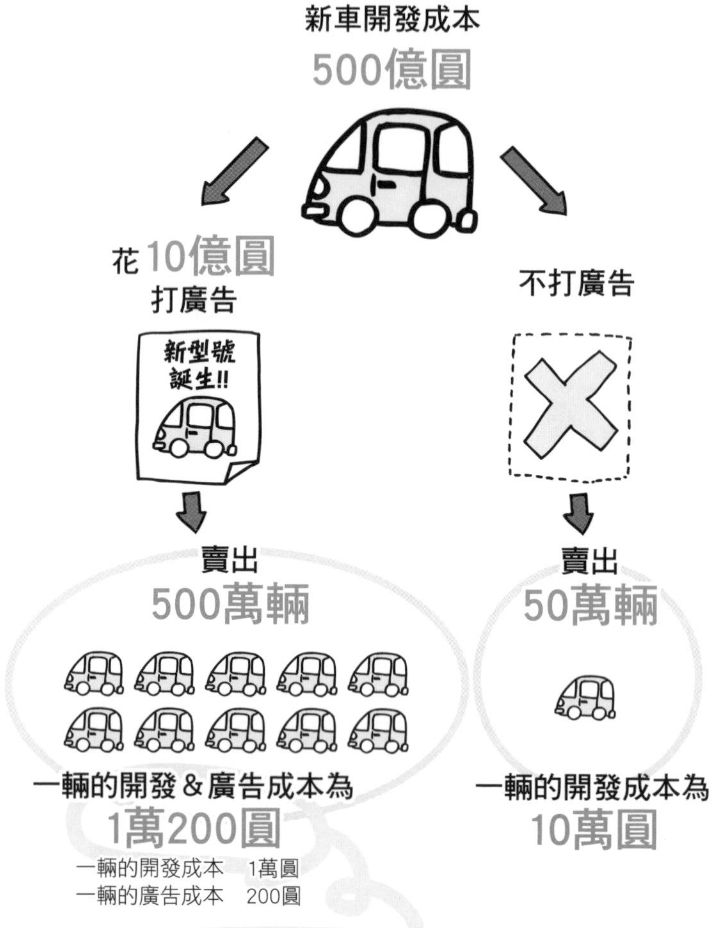
新車開發成本
500億圓
花10億圓
打廣告
新型號
誕生!!
不打廣告
賣出
500萬輛
賣出
50萬輛
一輛的開發＆廣告成本為
1萬200圓
一輛的開發成本　1萬圓
一輛的廣告成本　200圓
一輛的開發成本為
10萬圓

打廣告反而讓每一單位的成本降低了。
如果把這部分運用在降價上，等於打廣告讓商品變便宜。

消費者面前。如果商品因為沒有被市場發現而銷售不佳，就結果來說，商品的單位成本反而是增加的。

**大多數知名度低的廠商販賣的商品之所以便宜，與其說是因為廣告宣傳費等的因素，其實單純只是不夠便宜的話根本賣不出去。**相反地，知名廠商的產品即使高價也有銷量，所以才能賣這麼貴。

請各位牢記，商品的價格不是取決於花了多少成本，而是取決於需求和供給。

Lesson 06

# 飯店和魚販賣的都是「生鮮商品」？

營業時間結束前的魚販降價促銷，和飯店的住宿費降價是一樣的道理。

## 「生鮮商品」價格會改變

一項商品的供需平衡並不會一直保持在安定的狀態。這個平衡一旦崩壞，商品的價格也會連帶改變。

魚販和飯店乍看之下八竿子打不著關係，但實際上他們販賣的商品卻有一個共通點，魚販賣魚、飯店賣房間，對他們來說，這兩項商品都是「生鮮商品」。

這是什麼意思呢？讓我接著說明。

魚販進貨的生魚，如果沒有盡快銷售完畢就會腐壞。

人們對腐爛的魚沒有需求可言，因此腐爛的魚根本不能成為商品。如果賣剩了，進貨花的成本等於完全丟到水裡，所以不管打幾折，只要在魚腐爛之前賣掉，至少還能換回一點現金。所以魚販只要一到關店前，商品的折扣就會愈殺愈大。

旅館的房間雖然不是字面意義上的腐爛，事實上卻比魚更需要「保鮮」。這是因為「明天不可能賣今天的房間」的關係。

如果把經營飯店的成本每天分開算，**可以把一家有兩百間客房的飯店想像為飯店每天進貨兩百間客房**。這跟魚販每天進貨兩百條魚是一樣的道理。

飯店每天都有固定的經營成本，不會因為客人不住就沒有成本。這麼一來，這兩百間客房只要沒有在當天賣出（=只要沒有客人住），就會造成虧損。並且因為明天賣的是另外的兩百間客房，如果當天還有沒人住的房間，這些房間就等於腐爛掉的魚。

魚販還可以預測「今天應該不會有太多客人」減少進貨。加上冷凍冷藏的保鮮技術愈來愈發達，跟過去相比，保持魚的鮮度也變得愈來愈容易了。

## 飯店房間不會減少

然而，飯店沒辦法做到「今天大概沒客人，減少房間吧」。飯店一旦蓋好，每

## 飯店每天都進貨名為房間的「生鮮商品」

天就不得不持續進貨相同數量的房間。跟魚不同，因為是建築物，不僅不能依當天狀況調整進貨數量，賣剩的房間也不能冰到冰箱保鮮。

很多飯店因為以常規價格訂房的客人不足以住滿所有房間，會從很早之前就開始打折。甚至也有飯店會在深夜前，也就是空房還沒有完全腐爛的前一刻，提供無預約住宿的客人折扣價格。

**飯店在晚上打折的原因，其實跟魚販打折一樣，同樣都是因為販賣的是「生鮮商品」。**

Lesson 07

# 明明價格更高也賣得出去，為什麼不漲價？

在某些狀況下「不漲價反而賺更多」。

## 為什麼不調漲價格？

買方盡量低買，賣方盡量高賣，這是經濟活動的原則。

但是，有一些賣家明明賣更高價也賣得出去，卻刻意不賣。例如，人氣歌手的演唱會門票，開賣就秒殺的歌手即使把門票價格提高兩倍、三倍，應該還是賣得出去，但是為什麼他們不這麼做？讓眼前的賺錢機會溜走，難道不違反經濟原則嗎？

或許歌手不考量經濟原則，希望粉絲都能來，不只是有錢的粉絲，也包含預算不足的粉絲，所以才便宜發售門票。但是，也有可能他預測到不漲價，最終反而可以帶來更大的利潤也說不定。

這種思考模式好像很艱澀，但是以這種假設來看社會，正是一種經濟思維。

## 熱賣商家心裡打的算盤

事實上，關於這個問題有很多種假設，但可以確定的一點是，演唱會門票與蔬果鮮魚這類型的商品性質不同，它的價格並不會隨著各時段的供需狀況有所漲跌。**歌手是一項熱賣商品，但即使現在人氣高，也不代表以後聲勢不會下滑。如果仗著人氣漲價，聲勢下滑後粉絲就不會買單了**，屆時再降價實在太不光彩，因此，對歌手來說，提高價格可能本來就很困難。

順帶一提，電視劇或電影裡的演員剛出道時，即使酬勞不高，隨著人氣提升，演出酬勞也會漸漸看漲。如果能成為領域裡的頂尖人物，酬勞將會飆高到令人驚訝的地步。

但是人氣下滑後，酬勞也不一定會降，藝人的價碼基本上很難降。根據供需關係，下降是必然的，但是演員也有傲氣，這似乎是演藝界的傳統。

對電視公司來說，很難去啟用一個價碼高卻沒有辦法帶來收視率的演員，因此很快就不會再找該演員。藝人有了人氣之後，是否強勢要求高額酬勞，也是必須思考的課題。

## 演唱會門票不漲價的原因

**當你的門票賣得比其他歌手貴兩倍甚至三倍時，也不得不開始思考這樣的做法對人氣產生的影響。**如果因此被批評只是為了賺錢，聲勢也會一落千丈。

手頭闊綽的粉絲到了演唱會會場，很可能會大量購入T恤或毛巾等周邊商品，因此即使不賣門票，還是可以靠賣周邊商品賺錢。

Lesson 08

# 「品牌」誕生的理由

品牌的作用，就是光明正大地向消費者表達對產品品質的信心。

## 品牌，是向消費者展示品質的手段

我們花錢買東西，就是為了生活和享受。例如，買香蕉是為了吃，買電視是為了看節目娛樂。

對於這些商品，**如果品質相同，價格愈低需求愈高，價格愈高則需求減少**。如果賣家利慾薰心，沒有多想就訂了高價，那麼顧客就會被價格較為低廉的競爭對手搶走。

為了讓商品賣到更高的價錢，就必須提供比競爭對手更好的品質才行。但是，很多時候光靠到店家試用商品，也無法分辨品質的好壞。

十九世紀末期，美國有一家寶僑公司（Procter & Gamble，簡稱P&G），主要製造香皂等日用品。

當時，香皂並不像現在這樣一個一個分開包裝，而是在店內秤好重量再賣給客戶。但是，由於寶僑公司對自家的商品很有信心，他們不希望一直用低廉的價格販賣跟其他公司品質差不多的商品。

於是，寶僑公司生產出一個一個形狀固定的固體香皂，並將這種香皂命名為象牙香皂（Ivory），以「IVORY，體面家庭使用的香皂」大肆宣傳。

就結果來說，寶僑成功獲得了寶僑香皂是優質香皂的良好評價。香皂這項商品首次確立了「品牌」的概念。

## 品牌作用的改變

**就這樣，品牌成為了品質保證。**

託品牌的福，即使商品單價稍高，消費者仍然願意買單。

然而隨著時代變遷，除了價格稍高的品牌外，甚至出現了以超高價來吸引消費者的精品品牌。這麼一來，品牌的意義就跨越了單純的品質保證，成為「自我滿

## 品牌的意義始於保證商品品質

### 沒有品牌的時候

擔心品質不好……
不夠便宜就買不下手。
香皂
秤重販賣

### 有品牌以後

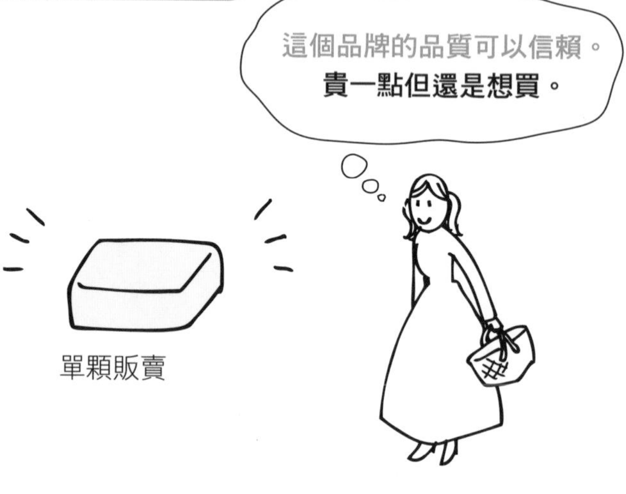
這個品牌的品質可以信賴。
貴一點但還是想買。
單顆販賣

足」和「炫耀」的一種手段。

會為品牌瘋狂的不只有女性。

有一些男性顧客每週都到書店購買具有權威性報紙書評所介紹的書籍。對這些人來說，「〇〇報紙」就是販賣知識的品牌。這種依賴權威的中年男性，跟把時尚品牌穿戴在身上就覺得開心的女性，也沒有什麼差別。

身處現代社會，要完全忽略品牌過日子是很困難的。

Lesson 09

# 為什麼「吃到飽」可以使用昂貴食材？

大量進貨和節省人事費用可以降低成本。

## 食材費是可以把關的

最近的吃到飽餐廳似乎都開始提供跟價格相比，品質更高檔的食材。為什麼吃到飽餐廳能提供高價食材呢？

雖然食材不同會有差異，但一般餐廳的成本率（在菜單定價中，肉和蔬菜等食材成本的占比）並不高。

根據餐飲業界雜誌，普通餐廳的成本率似乎最高頂多到三十％左右。在所有餐廳當中，一般認為成本率較高的迴轉壽司店，其成本率據說接近五十％。最近很多人提到跟以前相比，迴轉壽司店的壽司料品質變好了，而數字也證明了這一點。

一般餐廳的菜單因為品項很多，必須進貨多種類的不同食材。雖然店家在一定程度上可以預測某個品項的出菜量，但是無法百分之百預測到底需要多少食材。因此，無論如何都會發生食材剩餘的狀況，店家不得不一併考量剩餘食材的成本。

然而，**有別於一般餐廳，專賣壽喜燒的店家因為使用的食材品項有限，所以靠著大量進貨就可以壓低成本**。也就是說，這類型的店家可以靠食材進貨來壓低成本。

而且因為客人只會點壽喜燒，也能減少食材的浪費。透過這種方式，就能利用進貨省下來的成本來投資高級食材。

## 只需低廉的人事成本

在一般的餐廳成本中，廚師和服務生的勞力成本也占了很大的比例。但如果經營的是壽喜燒、涮涮鍋或燒肉等類型的吃到飽餐廳，就可以大幅省下上述人事成本。

首先是服務生。如果是一般餐廳，因為菜單上的品項相當多，服務生要能夠回覆客人對所有料理的疑問、正確記錄客人的點餐並轉達廚房，之後還必須把裝在各式各樣餐盤裡的食物完整地送到客人桌上。餐廳雇用人手後，為了讓員工勝任所有工作，不得不花時間好好教育。這麼一來，勞動成本就會層層疊高。

## 吃到飽餐廳和普通餐廳的差別

| 吃到飽餐廳 | 普通餐廳 |
| --- | --- |

### 食材

**靠大量進貨降低食材成本**

因為大量進貨，好便宜～
真沒辦法。

跟想像不同的點餐好多……

▶必須準備各式各樣的食材，容易造成浪費。

### 人事費用

**可以節省人事費用**

歡迎光臨。

▶可以一次烹煮大量料理。
▶也可以讓客人自行取用。

請問點些什麼？
讓您久等了。

然而，如果是壽喜燒吃到飽，服務生基本上只要把肉跟蔬菜端到餐桌上，再回收空盤就好，因此不需要花太多錢雇用服務生。如果是自助式的餐廳，店員不用服務，把料理和食材集中在一處讓客人自行夾取就好。服務生只需在廚房和自助吧之間往返，需求人數甚至更少。

再來看廚房。客人點餐之後，一般餐廳的廚師必須一邊推算出菜時機、一邊逐份烹煮客人的餐點，但自助式餐廳卻可以一次料理幾十人份的餐點，兩者之間的效率是天壤之別。如果是壽喜燒、涮涮鍋或燒肉吃到飽餐廳，客人還會開心地自己動手料理，因此甚至不需要雇用廚師。只是切肉跟蔬菜並分配食材的工作，機器或工讀生就能勝任了。

吃到飽餐廳的收銀工作也很簡單，可以節省收銀台的人事成本。吃到飽餐廳即使提高食材成本也足夠獲利的祕密，就在這裡。

Lesson 10

# 期貨交易是決定「未來價格」的系統

為了讓買賣雙方在交易中都不致虧損的一種約定。

## 期貨交易是為了規避風險而產生

似乎很多人認為期貨交易的風險很高，因此敬而遠之。的確，市場上存在著把顧客當餌食的惡質業者，不輕率投入是正確的。但事實上，期貨交易本身是一種為了規避風險而產生的交易系統。

所謂的期貨交易，簡單來說就是在當下事先決定未來的價格。以高麗菜農家與食品超市為例。高麗菜下一季的產量經常受到天氣的大幅影響而波動。

對農家來說，常常會擔心高麗菜大豐收讓價格暴跌，導致「豐收貧窮」。而收購高麗菜的超市則是擔心萬一收成不佳價格暴漲，導致高麗菜難以收購。

也就是說，買賣雙方都對將來的高麗菜市場價格抱持著風險意識。因此，還沒到下一個收成期，雙方現在就約定好高麗菜的買賣價格，例如一公斤兩百圓。這麼一來，農家可以確定將來的收入，超市則可以保證未來以多少成本收購高麗菜。**雙方都能藉此消除未來可能存在的風險（風險規避）。這就是期貨交易的作用。**

## 期貨市場的結構

讓我們再稍微進一步思考。

應該還有很多農家跟超市想要事先買賣，比起一家家用個別價格談判，把所有人聚在一起交涉，可以訂出更有效率的價格。這就是期貨市場。

在期貨市場裡，為了讓大家能夠安心參與買賣，確立運作模式是必須的。

在普通的市場（現貨市場）裡，買賣只要一成立，買賣雙方就必須一手交錢一手交貨。然而期貨交易因為不存在貨品，因此目前這個時間點買賣雙方只能訂立一個交易合約。但是，無法保證其中一方不會在履行合約前連夜跑路。

通常這時會採用一種機制，那就是請交易期貨的人向第三方公證機關繳交保證

## 期貨交易的結構

對銷售業者不利的狀況
如果只有
現貨交易……
對農家不利的狀況
今年收成
不好，沒有
高麗菜。
咦？
如果沒有高麗菜，
價格不就會變很貴？
採收這麼多價格
會暴跌吧～
這麼多啊，
那都賣給我吧，
算便宜一點喔！
消除雙方風險的方法
期貨交易
OK!
下次收成時，
讓我用1公斤200圓
的價格進貨吧！

金。只要繳交保證金，跟現貨交易無關的人也能參加期貨交易，因此有一些投機客認為這就像賭博一樣，為了大賺一筆而加入期貨市場。

投機客聽起來不太好聽，但是為了讓農家和超市能透過期貨市場規避風險，**這些協助承擔風險的投機客，也會讓市場變得更有效率**。不管是擔心未來價格並想降低風險的人，或是想冒「贏了大賺，輸了大虧」的風險而加入市場，期貨交易都頗具利用價值。

世界上最早的期貨市場始於日本。一七三〇年設立於大阪的堂島米會所，就是稻米的期貨交易所。戰前的日本各地存在著許多交易稻米的期貨交易市場，但是一九三九年，因為戰時經濟管制而遭到廢止。

直到二〇一一年七月，稻米的期貨交易市場才受到認可並進行實驗性交易。雖然交易狀況並沒有想像中活絡，日本仍然反覆延長實驗期，直至今天。

稻米期貨曾經接近正式上市，卻因可能被投機客利用而遭到政治家的反對，最終沒能正式上市。期待日本能夠創造一個合適的市場，促進自由且公平的交易活動，這對國內稻米相關產業而言，將會是一項利多。

Lesson 11

# 自由貿易是互惠模式

在自由貿易體制下，
國際分工將提高國與國之間的利益。

## 你會出口什麼商品？

國與國之間的自由貿易，基本上對兩個國家來說都有好處。讓我們一起思考看看理由是什麼。

假設，世界上只有A國跟B國兩個國家，兩國也都只有鉛筆跟橡皮擦這兩項產業，因此可以假設兩國之間只會交易鉛筆跟橡皮擦這兩項商品。

A國的商品價格為鉛筆四十圓、橡皮擦一百二十圓，B國則是鉛筆五十圓、橡皮擦一百圓。

如果兩國之間產生貿易行為（不考慮運費等雜支），由於商品會從價格較低廉的國家輸出到價格較高昂的國家，因此按理推論，鉛筆會由A國輸出到B國，橡皮擦則是由B國輸出到A國。兩國的消費者，都會比貿易開始之前更開心。

那麼，如果A國鉛筆三十圓、橡皮擦九十圓；B國鉛筆五十圓、橡皮擦一百圓，會發生什麼事呢？

不管是鉛筆還是橡皮擦，都是A國比較便宜。這種狀況之下，鉛筆跟橡皮擦都會從A國輸出到B國。這麼一來，B國的勞動者是否會失去工作，造成全體失業？

經濟學告訴我們，這種事情是不會發生的。

## 思考相對效率

有一種思考角度稱為「比較利益理論」。

比較A國鉛筆和橡皮擦的價格為30：90＝1：3；B國則為50：100＝1：2。在A國，橡皮擦的價格是鉛筆的三倍，但B國卻控制在兩倍。因此可以說，跟B國相比，A國橡皮擦的價格相對來說較高。換句話說，A國能夠以相對更低廉的價格生產鉛筆。

反過來說，跟A國相比，B國鉛筆的價格相對較高，橡皮擦相對較低。

## 自由貿易可以使參與的國家更富足

① 一般來說，可以輸出比對方國家價格更低廉的商品，但是……

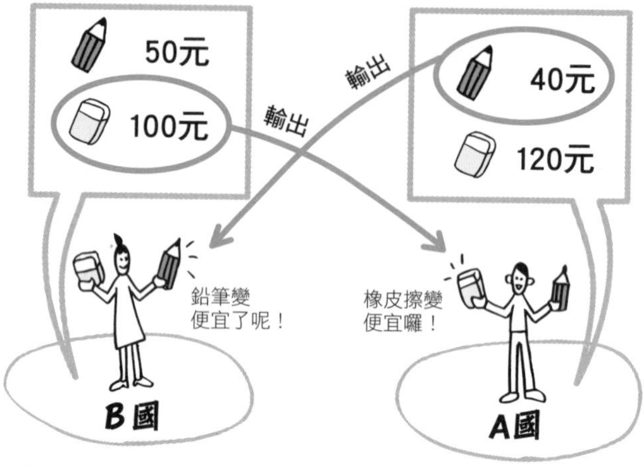


② 雙方都輸出相對來說，成本較低廉的商品。

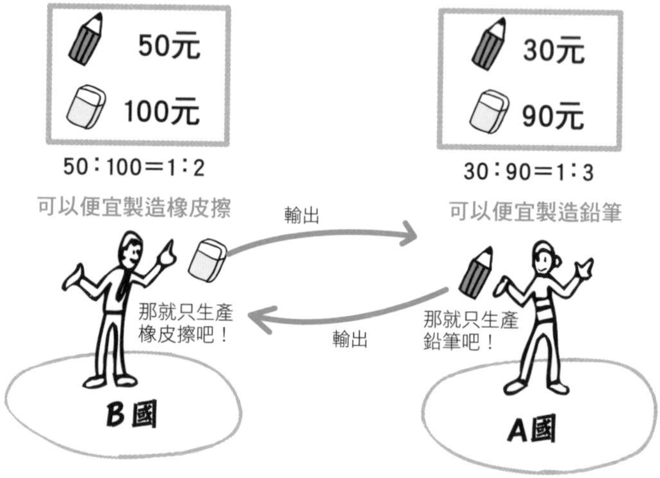


▶ A國與其自己製造橡皮擦，不如從B國輸入較有效率。

▶ B國與其自己製造鉛筆，不如從A國輸入較有效率。

在這樣的狀況下，如果A國只生產鉛筆，B國只生產橡皮擦，然後再互相貿易，那麼兩國國民都會比不貿易，自行製造兩種商品更加富有。

**不比較絕對利益，而是基於相對利益來進行國際分工，並透過自由貿易使雙方得利，這種思考模式就稱為比較利益理論。**

Lesson 12

# 保險是一種資訊集中在「買方」的產品

保險就像保險公司和投保人之間的一場賭注。

## 公平交易與資訊之間的關係

為了維持市場上的公平交易，買賣雙方都必須握有商品的完整資訊，如商品的性能和品質等。

但是事實上，最重要的資訊只掌握在買賣其中一方的狀況並不少見。持有資訊的一方誠實告知交易對象他手中握有的資訊，這當然很好，但是參與市場的人並不僅限於誠實者，也會有靠著欺騙對方獲取不當利益的人。

**大部分的商品，資訊都只掌握在賣方手中**。不利於該商品的資訊，例如該商品是瑕疵品或不暢銷等這種資訊，通常只有賣家知道，大多數買家不會獲得這些資訊。不誠實的賣家可能會利用這一點，將商品推銷給無知的顧客。當然，要在業界立足的人通常不會做這種事，因為這將會失去顧客的信任。

與上述情況相反，有一項商品的資訊是集中在買家手上，那就是保險。保險這項商品的相關知識跟其他商品一樣，大多掌握在身為賣方的保險公司手上。所以這邊要談的不是商品相關知識，而是購買保險的投保人。

## 保險不成立的風險

投保人的健康狀況、是否考慮自殺、開車是否不經大腦等，都是相當重要的資訊，但是保險公司對這方面的了解，永遠比不上購買保險的投保人本人。如果保險公司不理會這個問題，就會吸引許多意外風險高的人來投保。這麼一來，保險金的支出增加了，保險公司就會為了平衡收支而提高保費。

保險金額提高後，身心健康且安全駕駛的人就不會購買保險，最後導致保險制度無法成立。而透過偽造真相等不正當手段從保險當中獲取利益的行為，就稱為「道德風險」。

為了防止道德風險，保險公司會針對高危險群確實調查，以決定是否拒絕讓對

## 「道德風險」會使保險制度崩壞

① 保險的資訊集中在買方（被保險人）。

健康狀況不好　　有自殺傾向　　開車習慣魯莽

健康檢查
結果
高血壓、
糖尿病、
癌症。
公司
倒閉了。
金庫
匡
啷
匡
啷

②只有高危險群來投保。

③保險金支出增加。

④為平衡收支，
保險公司提高保費。

保費

⑤健康的人就不買保險了。

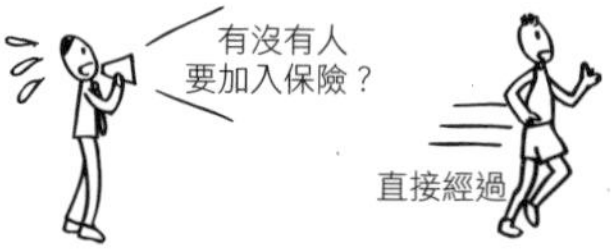
有沒有人
要加入保險？
直接經過

**保險制度無法成立！**

方投保，或是不得不針對個人設定較高的投保金額。

理想狀況下，每個人的危險程度不同，因此投保金額也應該個別細分。過去，因為技術和成本上的問題以及政府管制的關係，保險公司很難自由地針對個人設計保險方案，但是近年來這方面的自由度愈來愈高，保險也推出了各式各樣的方案。

保險公司甚至為利用電腦監控駕駛的安全駕駛人，設定較低廉的投保金額，並提高莽撞駕駛的投保金額。

但也因為自由化的關係，出現各式各樣的保險類型，而投保人就不得不事先做功課，確定哪種保險對自己來說是最合適的。

雖然電視上經常出現「不用審查就能投保」或「高齡也可投保」等大肆宣傳保險的廣告標語，但是這些保險公司若預測到投保人是高危險群，一般都會設定較高的投保金額。因此**健康的人在確實審查的保險公司投保會比較有利。**

Lesson 13

# 流通業使價格合理化

託流通業者的福，經濟可以更有效率地運轉，價格也變得更公正。

## 流通業者並不是「居中剝削」

一提到流通業者，一定會有人說他們「居中剝削」。

農業或工業都會生產具體的商品，但是流通業什麼都不用生產，只要把商品從右邊送到左邊就能獲取利益。他們被認為是一種不正當的存在，竊取了原本應該屬於生產者和消費者的利益。

江戶時代的身分制度也將商人放在較低的階級位置。

但是，就此認為流通業者居中剝削，是非常荒謬的錯誤。

流通業所做的事，確實是低買高賣。

例如，在漁村買魚再賣到山區、在農村買米再賣到都會區、在法國買葡萄酒再賣到日本，或是在日本買中古車再賣到中東等等。

## 如果流通業不存在

那麼，如果流通業者不存在，會發生什麼事？

住在內陸的人即使想吃深海魚，也不可能跋山涉水到海邊去買魚。近海小鎮賣的魚雖然很便宜，但是長時間來回，花費的時間和金錢就會增加。

與其這樣，還不如購買流通業者運送過來的魚，就結果來說，價格反而便宜的狀況並不少見。

**至於要花時間到遠方的便宜商店購買？還是在附近店家購買較高價的商品？這就是消費者自己的選擇了。**

另外，捕魚看天吃飯，有時大豐收，有時毫無所獲。而魚類又特別容易腐壞，因此如果收穫量太大，漁民也會免費贈送給附近居民。有免費的魚吃，居民（＝消費者）當然眉開眼笑，但是卻苦了漁民（＝生產者）。

這時，如果有流通業者大量採購鮮魚並販售到各地，這將是一大福音。

## 流通業者是個別市場之間的橋樑

### 沒有流通業者

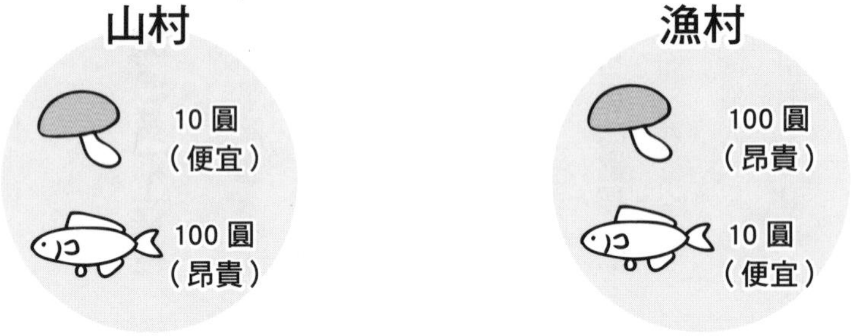
山村
10 圓
（便宜）
100 圓
（昂貴）
漁村
100 圓
（昂貴）
10 圓
（便宜）

### 有流通業者

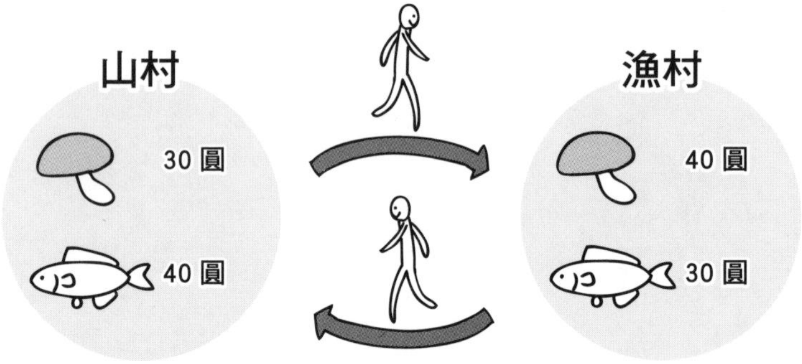
山村
30 圓
40 圓
漁村
40 圓
30 圓

流通業同業間的競爭若增加，
將會縮小山村和漁村的價差，物價也會更低廉。

對漁民來說，流通業者的存在，代表他們不只能夠滿足產地居民的需求，也能將產品販賣到產地以外的地方，滿足更多人的需求。

跟沒有流通業的時候相比，當流通業者在山村和漁村之間居中流通雙方商品時，漁村的魚價會上漲，而山村的魚價將會下降。

因此對整體而言，將兩個分開的市場整合為一個較大的市場，價格會變得更公正，社會整體的生活品質也會變得更好。

Lesson 14

# 日本的流通方式很沒效率？

即使流通過程有好幾個階段，價格卻不一定都會上升。

## 主要作用為防止獨占、寡占

日本的流通業界跟美國相比，其組成結構更為複雜。

例如，美國製造商和零售商會直接進行交易。但是在日本，批發商介入兩者之間的狀況相當多。有時依照商品所需的銷售模式，批發商也分為大盤商、中盤商……等多個批發階段。因此，相同品質、數量的商品價格也會相對較高。

但是，流通業雖有不同的批發階段，價格卻不一定會愈來愈高。關鍵是效率性的問題。

將製造商的商品運送到零售商店是絕對必要的，因此必須有人承接這部分的業務。如果是大企業的製造商，或許能自行建構將商品流通至全國的物流網，但這對中小企業來說卻相當困難。

事實上，以生產為主的製造商，並不一定都能進行物流的工作。若製造商和零售商店之間沒有直接交易的方法，中小型規模的製造商和零售商店之間的交易業務就很難成立。然而，如果有批發商的話，就能將全國的中小型製造商和零售商店串聯起來。

這也導致大企業製造商和零售商面臨競爭壓力，**有助於防止他們壟斷市場，避免造成獨占和寡占的市場狀態。**

## 新零售商更容易打入新市場

除了直接的競爭壓力外，還有其他潛在壓力。

在美國，大型零售商如果到地方開店，通常都能以壓倒性的低價販售商品，導致當地傳統的小型零售商遭到驅逐。然後大型零售商就會再次提高價格。當本地已經不存在競爭對手，他們在該地區等於以獨占的形式販賣商品。

這麼一來，即使後來有新零售商試圖為顧客提供更低廉的價格，除非該零售商

## 因為有了批發商，中小型製造商和零售商得以參與競爭

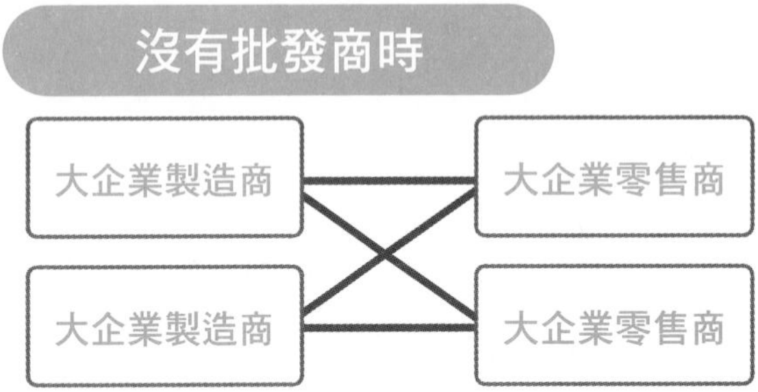
沒有批發商時
大企業製造商
大企業製造商
大企業零售商
大企業零售商

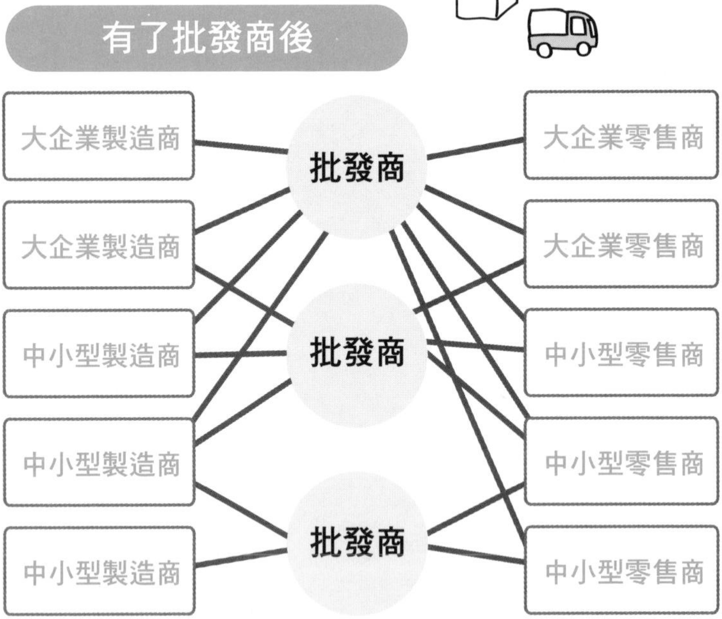
有了批發商後
大企業製造商
大企業製造商
中小型製造商
中小型製造商
中小型製造商
批發商
批發商
批發商
大企業零售商
大企業零售商
中小型零售商
中小型零售商
中小型零售商

擁有能夠直接進貨的製造商，否則很難達成。

另外，在日本因為批發商系統強大，零售商比較容易打入新市場。只要跟幾個批發商合作，就能開展他們的事業。

**只要有批發商，現有零售商將處在隨時可能有競爭對手的狀態之下。所以即使現在沒有競爭對手，也不能輕易提高販賣價格。**

數十年來，雖然日本一直被批評為流通速度緩慢的暗黑大陸，卻仍然有其看不見的可取之處。

專欄

# TPP是什麼？

如同前面提過的比較利益理論（詳見Lesson 11），對所有的貿易當事國而言，自由貿易在原則上來說比不貿易更有利。但現實狀況是，在歷史、傳統或國內團體的壓力之下，大部分國家都會設置關稅或其他額外的貿易壁壘。

在自由貿易中感到不利的人和企業（大多是生產者）形成集團，並向政治人物施壓。另一方面，在自由貿易中受益的人（通常是消費者）因為聲量不若前述團體來得大，因此政治人物大多聽不到這方面的聲音。

即使如此，國際上在推動自由貿易上的促成與努力，至今也持續了好幾十年。WTO（世界貿易組織）擁有一百多個會員國，為促進自由貿易而不斷努力，然而卻常常因為牽涉到的國家太多，導致在調整利害關係上曠日廢時，難以達成共識。

在這樣的背景之下，少數國家之間開始自行簽訂促進自由貿易的FTA（自由貿易協定），也開始促成EPA（經濟夥伴關係協定），內容不僅限於免除貿易壁壘，也廢除服務相關領域的各項障礙。

跨太平洋夥伴關係協定（TPP）也是EPA的一種，包含中途加入的日本，連同亞洲各國、美國以及大洋洲各國等多國之間進行協商醞釀，並於二〇一五年十月由十二個國家對大致內容達成共識。

隨後，美國總統川普宣布退出TPP時雖然前景堪憂，但剩餘的十一個國家仍持續進行。二〇一七年十一月，TPP發表各國對新協定的大致內容達成共識。

新協定的正式名稱更改為「跨太平洋夥伴全面進步協定」（CPTPP），其簡稱「TPP 11」比起正式名稱更加廣為人知。TPP歡迎新成員國的加入，因此未來很可能會增加更多會員國。

TPP的影響範圍相當廣泛，在貿易方面，為了促進貿易自由化，它的基本方針為消除貿易保護制度。

由於所有TPP成員國都降低或免除了貿易保護，對所有成員國的輸出業者來說是相當值得高興的事。另外因為進口商品價格變低，對國內的消費者來說也相當有利。相反地，對於一直以來受益於關稅壁壘保護的國內業者來說，情勢將會變得更加嚴峻。

在日本，TPP對汽車製造商來說是好消息。這代表加拿大等國將會降低或廢除汽車和汽車相關零件的進口關稅，日本輸出相關產品會變得更加容易。

另外，由於日本是食品進口大國，除了增加稻米的進口數量，針對牛肉、豬肉和乳製品等食品的關稅也會進行階段性調降。更便宜的進口食品將有助於消費者的家計，但受到關稅保護的農業相關業者的處境可能會更加艱辛。

今後日本的農業將何去何從？這對日本來說，將會成為一個愈來愈重要的課題。

自由貿易優於保護貿易是一種經濟原則，但事實上不管是哪一個國家，農業都是非常重要的產業。幾乎沒有一個國家不想方設法保護自己的農業。日本也一樣，長期以來一直透過鉅額的補助金來保護農業。

但是成果如何呢？農業人口漸漸減少，被農民放棄的耕地也在全國蔓延。

日本消費者不僅注重農產品的價格，在低價之外，更期待安全又美味的農產品。為了做到這一點，我希望有意願、有智慧的日本農民能夠思考，什麼樣的補助政策才能協助各位為農業發揮最大的力量。

# 第 2 章

# 用經濟學的角度看世界

透過經濟學的角度，
至今為止看似理所當然、視而不見，
或是怎麼樣也想不通的事，都能一目了然。

Lesson 15

# 利己之心和競爭會帶動經濟

## 即使不是「為了世界為了人類」，賣家和買家的利己行動也能妥善地分配資源。

### 「一隻看不見的手」

奧斯卡．王爾德（Oscar Wilde）為孩子們寫的短篇小說《快樂王子》，小時候一邊讀、一邊淚眼汪汪的人，應該不少吧。

在某個城鎮，有一座王子的雕像。

那是一座美麗的雕像，雙眼是明亮的藍寶石，腰上的配件裝飾著閃閃發光的紅寶石，全身鑲滿了金箔。王子擁有一顆溫柔善良的心，他看到城裡那些不幸的人感到很痛心，便拜託遷徙途中的燕子，將他的藍寶石眼睛、紅寶石裝飾和金箔叼下來分送給那些不幸的人。

王子和燕子不惜犧牲生命，也要幫助他人的高尚行為，令人深受感動。

然而遺憾的是，這樣的行為通常無法成為經濟學的分析對象。

我也不怕各位誤解，所謂的經濟學，就是研究人類若採取利己的行動，事情將會如何發展的一門學問。如果每個人都只為自己著想，難道經濟不會大亂嗎？但是我要告訴各位，經濟學的偉大就在於**它已經用理論證明，當市場參與者（賣方和買方）謀求利己時，反而良好地分配了資源**。

經濟學之父亞當・斯密（Adam Smith）把這個現象比喻為「一隻看不見的手」。這確實是一個不可思議的現象，甚至讓人想要搬出上帝來解釋。

## 公平競爭是不可或缺的

如同先前所述，因為流通業者的存在，生產者和消費者都能受惠，但是流通業者並不需要為他人、為世界做生意。就算他們的動機是「低買高賣，大賺一筆」也沒關係。

生產者努力「為了賣更高的價格製造高品質的產品」，消費者熱衷於「用愈便宜的價格買到愈高品質的產品」。正是這些行為能夠有效率地分配資源。

## 競爭會帶來更合理的價格

### 如果沒有競爭

貴也不得不買。

### 有其他店家競爭

賣太貴的話，客人就會到其他更便宜的店家消費。

但是這些行為不能毫無節制。無論是生產者、消費者或是流通業者，都必須符合公平競爭的原則。

只要有競爭，任何一方都不能做貪圖暴利的行為。如果賣家開的價格特別高，就會出現提供更低廉價格的業者（畢竟該價格仍然有利可圖），顧客也會被吸引過去。在競爭狀態之下，沒有任何一方可以躺著賺錢。

但是問題來了。

只要辦得到，謀求私利的人都想要輕鬆賺錢。幾乎不存在生來就喜歡跟別人競爭的人。

**公平競爭非常辛苦，因此也會有源源不絕的人和企業絞盡腦汁試圖躲避競爭，企圖輕鬆賺錢。因此，完全的自由放任對經濟來說並不是一件好事。**

為了實現「一隻看不見的手」，人類也必須伸出援手才行。

Lesson 16

# 用經濟學看穿惡質商業手法

能賺錢的好事，自己賺都來不及了，怎麼會推薦給別人？還是多加留意的好。

## 能賺錢的好事不會推薦給別人

雖然人類不只會為了自己行動，但是利己之心無疑是人類行為中的最強動機。經濟學關注的焦點，就是人類的利己之心。

如果在人類面前有幾個可能的選項，一般人都會選擇對自己最有利的那一個。得知某個能夠賺錢的機會，如果自己能辦到的話，無論是誰都會自己去做。自己不抓住這個賺錢機會，反而特地告訴別人，應該沒有人會做這樣的事。

也就是說，**宣傳「一定可以賺大錢」以吸引投資的買賣，完全違反經濟原則，等於是一種惡質的商業手法，甚至是詐欺行為。**

例如，如果投資公寓能賺錢，自己就會借錢去買了，不會勸別人買。不那麼做的原因是，這並非是一個能夠確實賺錢的標的。

## 沒有躺著賺這種好事

那麼，推銷者表明「我也有投資」，是否就能信任？其實也不盡然。

老鼠會這類型的非法商業行為，就是請你購買總公司的商品來販賣的一種勸誘手法。只要賣出商品就能獲取一些報酬。但是相對地，總公司會要求你去找更多人來當推銷員。

推銷員彼此之間形成金字塔式的上下關係，這個金字塔的結構是：你找進來的下層推銷者，以及該下層找的下下層推銷者，他們銷售額的一部分都會成為你的收入。

金字塔頂端極少數的人賺了錢，並且他們一開始讓所有人以為可以一起賺，導致很多人被該手法欺騙。但是，這個老鼠會沒多久就瓦解，大部分的參與者甚至沒有賣出任何商品就以虧損告終。而死纏爛打地推銷，甚至使身邊的人虧損，也破壞了參與者和朋友之間的關係。

## 經濟學認為人不會把真正能賺錢的機會告訴別人

真的嗎？
這一定會漲，
我只告訴前100個人
這個好消息。

**如果真的會漲，**
**他應該會自己買斷才是！**

有些人就是不明白沒有躺著賺這種好事，而且這種人也不少見。因為人類喜歡以盡可能輕鬆舒適的方式達到目的。

順帶一提，我在研究經濟學和經營管理學時，周遭的人經常問：「告訴我現在什麼能賺錢。」這種時候，我通常會回覆：「如果我知道，與其告訴你，我還不如自己先去賺！」

Lesson 17

# 良心業者保護自己的方式

一般人很難分辨良心業者及黑心業者。
有良心的業者必須「盡力告知」消費者。

## 良心業者會受到假貨的全面衝擊

為了達到公正公平的交易，不管是哪種商品或服務，買賣雙方都應該掌握百分之百的資訊。但實際的狀況是，**許多在市場上買賣的商品資訊只掌握在賣家手上，買家掌握的資訊非常有限。這在經濟學上稱為「資訊不對稱」**。

黑心業者利用資訊不對稱的特性蒙騙消費者，即使是同一種肉，有品牌的肉單價更高，其餘則應該以較為低廉的價格銷售。但是消費者不一定能準確區分品牌肉和非品牌肉，因此黑心業者就買進便宜的肉，偽造肉的產地和品質，把它當成品牌肉高價賣出。

除了消費者買到假貨上當受騙以外，有良心的業者也同樣受到衝擊。因為消費者不一定能區分出黑心業者跟良心業者的差別，因此他們只能用懷疑的眼光一併審視所有業者。

結果，良心業者的銷售額也因此下滑。

這種時候政府應該出面，好好取締這些黑心業者。但是事實上，上有政策下有對策，在你追我跑之下這種狀況很難根絕。因此，有良心的業者將被迫採取自保的手段。

有一些常見的方式，例如在自家產品貼上明確標示產地、生產者和品牌的貼紙，但是貼紙不僅容易偽造，正規的貼紙也很氾濫。加上偽造貼紙便宜又簡單，因此相當難以制止。

## 何謂「訊號理論」？

以中古車市場為例。中古車跟新車不同，品質參差不齊，對沒什麼買車經驗的消費者來說，很難看出中古車的品質。

惡質的中古車業者便看上這一點，把劣質中古車說成：「這是品質很好的中古車喔！」來欺騙消費者，並以高價（不當的價格）賣出。

## 訊號理論是能夠證明自家商品品質，並且無法被模仿的行為

因為良心業者提供的是高品質的產品，因此可以提供保固而不影響成本；然而黑心業者的商品容易故障，若提供同樣的保固會有成本壓力。

另一方面，有良心的中古車業者也會說：「這是品質很好的中古車喔！」並以高價（合理的價格）賣出真正高品質的中古車。

令人困擾的是，從消費者的角度來看，不管是黑心業者還是良心業者，兩者說的話都沒有區別，因此消費者實在難以冒著買到不良品的風險花大錢購買中古車。結果連以合理價格販賣高品質中古車的買賣也做不下去。

在此，良心業者可以採取的手段是「追加保固」這項販賣手法。

例如，向顧客保證買車後一年內提供免費修理的服務。這個方法之所以有效，主要原因是良心業者的中古車因為不容易故障，因此可以提供保固而不影響成本；但是對黑心業者來說，他們的中古車容易故障，如果提供保固會使成本增加。所以這個方式就不像偽造一張貼紙那麼簡單。

這就是良心業者的保證，**證明他們銷售的商品品質沒有問題，沒有要欺騙消費者的意思，並且黑心業者無法如法炮製。這就是符合「訊號理論」的行為。**

Lesson 18

# 公平貿易公平到什麼程度？

「公平貿易」倡導以高價購買開發中國家的商品，但是這只會扭曲競爭秩序，造成反效果。

## 「公平貿易」有利於開發中國家？

賣家盡量高賣，買家盡量低買，就結果來說，這是最符合效率的經濟原則。

近年來，有些人主張「公平貿易」，主張已開發國家目前用「不合理的」的低價購買開發中國家的農產品和工業製品，倡導必須以更高、更「合理」的價格購買才正確。

事實上，開發中國家的商品本來就很便宜，即使稍微提高價格，對已開發國家來說也不會造成負擔，而開發中國家卻可以藉此發展經濟，這難道不是一件好事嗎？這就是「公平貿易」的理論主張。

不過，人們將以高於自由競爭形成的價格購買商品，這就違反了經濟原則。然而，我想很多人都認為如果是為了開發中國家的發展，咖啡一杯貴十圓左右也沒有關係。事實上，在已開發國家一杯咖啡的價格裡，從原產國購買咖啡豆的成本占比非常低，即使以相對高的價格購買也不會花到十圓。不過這並不是這一節要討論的主題。

## 不公平是怎麼產生的？

為開發中國家著想是好事，**但是用高於市場的價格購買商品，恐怕會導致資源分配的扭曲**。那麼，若想要進行公平貿易的已開發國家咖啡豆業者會怎麼做呢？或許會跟種植咖啡豆的農園簽訂高於市場價格的進貨合約吧。

這麼一來，該農園當然喜出望外，但這不代表他們一定會比其他農園更用心栽培咖啡豆。因為已經簽約了，即使提供品質較差的咖啡豆，對方還是會買單，因此不如說這樣的做法，反而容易誘使農園偷工減料。

另一方面，對沒有拿到公平貿易契約的咖啡農園來說，不管多努力生產高品質的咖啡豆，都沒有人會以高價購買。這麼一來，難道沒有造成不公平嗎？

## 公平貿易妨礙競爭的案例

咖啡農園
我用比市場更高的價格跟你進貨。
公平貿易
反正已經有人買了，偷工減料也沒差吧！
不管怎麼努力提升品質，都沒有人要高價購買我的豆子。

結果導致高品質咖啡豆的價格
低於品質較差的咖啡豆。

當然，我們可以用驚人的低價在產地購買咖啡豆，但那是因為咖啡豆是典型的開發中國家農產品的關係。

沒有一個已開發國家擁有自己的咖啡農園，因此輸入咖啡豆時，也不用擔心國家會為了保護國內業者而設置較高的關稅壁壘。另外，咖啡豆這種農作物只要有適當的氣候就相當容易栽培，因此入行並不困難。

也就是說，咖啡只要稍微漲價，到處都會有人加入生產行列，量產的結果導致咖啡再次回到以往的低價。

事實上，栽培咖啡並不是一個可以賺大錢的產業。若想要支援開發中國家的經濟發展，最好採取別的方法。

Lesson 19

# 如何看待薪資差距？

現實中存在著各種薪資差距，
但薪資原則為「同工同酬」。

## 同工同酬

勞工的薪資是勞動獲取的代價。

簡單來說，勞工出售自己的勞力給雇主（例如企業），並獲取工資做為報酬。即使是自由工作者或自營作業者，在出售勞力這點也是一樣的。

因此在勞雇方面，也可以套用基本的需求與供給法則。**同樣的商品價格相同，這是經濟的原則。所以，對於同樣的勞動力，也必須支付同樣的薪酬。**

但實際狀況是，在同一間公司擔任相同職位的人，薪水卻可能有差異。一般來說，日本企業有女性薪資低於男性的傾向。這是很明顯的性別薪資歧視，美國就曾經有企業因此遭到起訴，並且判決結果是必須支付高額的懲罰性賠償金。

近年來，正式員工和非正式員工有薪資差距的狀況急遽增加。現在是雇用型態多元化的時代，同一職場裡不只有正式員工，還有約聘員工、派遣員工和時薪人員等等，因為雇用型態不同，職場裡有非正式員工並不稀奇，薪資也各有差異。

如果工作內容不同，支領不同的薪水是合理的。但如果工作內容大致相同，薪資卻有差異，這就有問題了。

說到底，企業雇用非正式員工也有各式各樣的理由。例如，在工作量會因季節而有差異的職場，通常就會希望只在工作量大的季節大量聘僱人員。但是如果雇用正式社員，在工作量少的季節也必須持續支付薪資，因此在沒有辦法的情況下，企業會選擇雇用方便限定工作期間的非正式員工。

只是，從薪資平等的角度來看，只要從事同樣工作，就應該領取同樣的酬勞。要求兼職員工達成與正式員工相同的工作內容和工作量，卻付給兼職員工較低的薪資，這就是一種歧視。

## 根據職位和是否為正式員工而導致的薪資差異

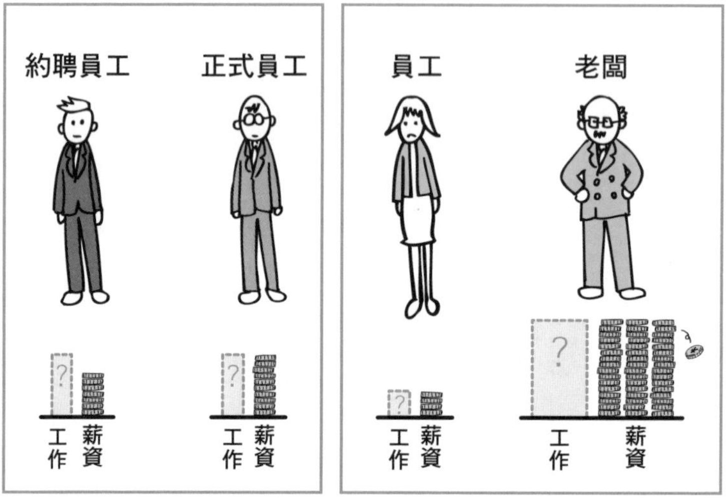


希望付出同樣勞力的人，
都能獲取同樣的薪資報酬。

## 老闆和員工的薪資差距

在普通企業的薪資體系中，通常職位愈高，薪水也會愈多。說起來好像是一件理所當然的事，但是各位知道老闆和一般員工的薪資差距是多少嗎？

根據「東洋經濟ONLINE」於二〇一七年十一月二十四日刊載的報導指出，二〇一七年度日本上市公司員工的平均年收入為六百〇二萬日圓，而主管（董事和執行長）的平均薪資報酬則是二千六百四十四萬日圓，其中差距相當於四・九倍。二〇一一年度時為三・九倍，代表這項差異在六年內擴大了〇・五倍。原因是跟員工的薪水相比，主管的薪資報酬提升得更快。

美國企業的薪資差距問題遠比日本嚴重許多。**在美國的企業當中，經營主管階層跟一般員工的薪資差距，從五十年前的二十倍，到近年已經擴大到將近三百倍。**這麼巨大的差異難以用薪資平等的原則來解釋。我們不得不考慮其他必要因素的介入。由於經營階層的薪水實際上是由經營者自己決定，很有可能他們為了自肥，不斷調漲自己的薪資。

Lesson 20

# 「退休年齡」並非各國通用的制度

「退休年齡制度」，在美國是一種就業歧視。

## 「退休年齡」不是理所當然

社會上有很多是大家認為理所當然，但事實上並非如此的事情。「退休年齡」就是一個具代表性的例子。

日本大部分的企業都採用強制退休年齡制度，員工一到退休年齡，就不得不主動退休。退休年齡在不久之前，一般認為是五十五歲。畢竟有「人生五十年」這種說法，因為退休之後也沒剩下幾年人生了，所以在以往，退休年齡制度幾乎等於字面上的「終身雇用」。

但是，隨著日本人的平均壽命愈來愈高，生育率降低，日本成為一個少子高齡化的社會。惡性循環之下，退休後的生活支柱——年金制度，也在這樣的狀況下漸趨緊繃。

以厚生年金（注）的支付年齡為例，由過去的五十五歲慢慢延後，現在則要到六十五歲才會開始支付。在可以領取年金之前，如果不工作就無法維持生活水準，所以一般公司的退休年齡也逐漸往後延長。但是，這不代表年金制度的財政狀況從此就沒問題了。今後仍然很有可能必須繼續延後年金付款開始的時間。

談到如何解決年金的問題，首先必須理解，**年金制度本來就不是全世界都通用的制度**。以美國為例，日本採用的退休年齡制度很可能會被視為「就業年齡歧視」而遭到控告。美國對於就業歧視相當敏感，無論是性別、人種，或僅僅因為高齡就強制辭退員工，這些行為一般來說都已經構成歧視。（但是，歐洲許多國家的退休制度會配合開始支付年金的起始年齡。）

## 退休的時間點交給本人決定

仔細想想，高齡並不一定會造成工作能力的低落。很多人年紀大了仍然充滿活力，他們想繼續留在職場，也有相應的能力，強制這些人退休，在制度上難道不是

注：在企業、工廠等工作的職工所加入的年金制度，根據所得級距進行徵收。

## 尊重個人意志才是理想系統

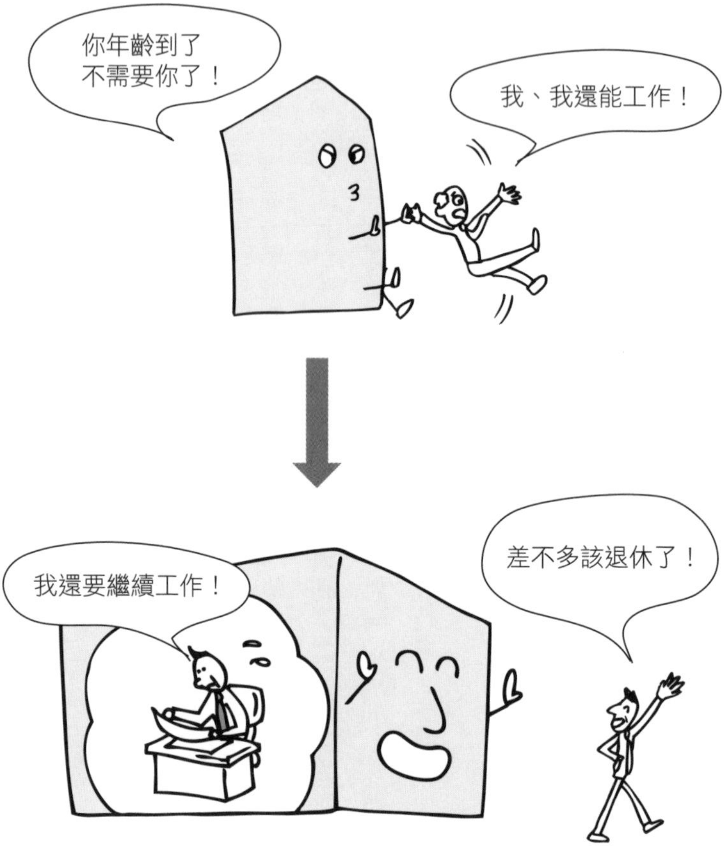


**同年齡的人想退休就讓他退休，
還想留在職場的人就繼續工作。
這種系統才是理想系統。**

一種歧視嗎？會招致這樣的批評也是無可厚非的。

有熱愛工作、想貫徹「活到老做到老」的人；也會有想要早早退休、享受悠閒自在生活的人。同時根據健康狀況，每個人的決定也會有所不同。

「我決定在幾歲退休」，很多美國人會這樣規劃自己的人生，並期待著退休那一天的到來。周遭親友也會給予「Happy Retirement」（退休快樂）這樣的祝福。但是，如果是固定的退休制度，所有一切就無關個人意願和個人狀況了。

**無論如何，可以依據個人的人生規劃決定退休的時間點，我認為是比較理想的系統。**

Lesson 21

# 救護車免費搭乘是好事嗎？

為了讓非急用的人搭乘，可能導致無法滿足真正緊急的需求。

## 免費造成的問題

在日本，救護車是行政單位免費提供的資源，因此，或許可以將救護車視為公共財（詳見Lesson 35）。然而，只要有人正在使用救護車，同一時間其他人就無法使用，因此行政單位其實可以收取救護車使用費。所以嚴格來說，救護車並不能算是公共財。

救護車屬行政服務，必須免費提供，這樣的觀念根深蒂固，但**若從救急救命的觀點或財政的觀點來看，免費的救護車服務就會被視為一個問題**。其中最困擾的，就是社會上存在著沒有緊急狀況卻呼叫救護車的人。

在日本，救護車出動一次至少要花幾萬日圓以上的成本，根本禁不起被當成計程車來使用（計程車還要收費，等於叫救護車更划算）。沒有緊急狀況而出動救護車，恐怕會產生無法協助重傷患或急救病患的狀況。

這個問題在全世界都很常見，因此也有一些國家開始收取救護車的使用費。如果可以做到「重傷免費、輕傷付費」，倒是一樁美事。問題是劃分的標準相當難以拿捏。

在東京和其他一些城市已經設置了諮詢專用的電話號碼，諮詢內容包含讓民眾在需要的時候詢問是否有必要呼叫救護車、介紹替代的移動方式等。

## 兒童免費醫療補助導致的問題

以一般的商品或服務來說，如果價格變低，代表需求增加。如果價格低到甚至免費提供，那就代表需求量呈現爆發性的成長。政府在制定免費政策時，不得不考慮到這一點。

例如，有些地方政府針對兒童提供免費的醫療服務，對於有孩子的父母來說，這是非常有利的一項制度。但是對政府來說，就必須做好小兒科病患必然暴增的準備。

**重症病患一定都會到醫院治療，因此可以預測增加的大部分都是輕微症狀的患**

## 免費或太便宜都會導致救護車不足

### 如果救護車免費

### 有收費，但太便宜

**者**。如果小兒科醫生夠多的話倒還好，但是目前各地的小兒科醫生都處在人手欠缺的狀況。

目前的狀況就已經忙不過來了，如果因為不收費，讓醫院擠滿了只要收費就不看醫生的輕微症狀患者，不僅醫生治療重症患者的時間變少，就算多看輕微症狀患者，收入也不會增加。結果小兒科醫生的過勞狀況加劇，年輕的醫學院學生對小兒科敬而遠之，導致小兒科醫生變得愈來愈少的惡性循環。

如果搭救護車要收費，那麼每搭一次收多少錢才合理呢？把一次出動的數萬圓成本直接加諸在民眾身上太過嚴苛，但是如果太便宜，反而會造成反效果。

目前，只有一小部分的人輕率地濫用救護車，大部分還是謹守道德，這是非常好的現象。

但是如果叫救護車要花錢，至今為止謹守道德的人，可能反而理所當然地花錢叫救護車，造成更混亂的結果。因此設定救護車費用時，慎重地確認每個環節是絕對必要的。

Lesson 22

# 教育的「機會不平等」

錄取頂尖大學的學生，父母大多財力雄厚。

## 為了讓「機會均等」，必須具備公平的考試辦法

人們努力讀書工作，就是為了取得相對應的成果。**如果社會不能賦予有能者求學和工作的機會，人們就會失去動力，經濟發展也會因此受到阻礙。**

如果有些人起跑點靠前、有些人落後，就不能算是公平競爭。所有人在同一條起跑線上開始競爭，才是所謂的「機會均等」。

當然，人人都應該平等地擁有受教育的機會。

但事實上，因為入學人數有限，對人氣較高的大學來說，勢必不可能讓所有想進學校的人都入學。因此，最重要的是必須盡可能地公平徵選入學生。

但是問題來了。如果針對那些頂尖大學的學生，調查他們的家庭環境，會發現

他們的父母大多具有較雄厚的財力。

舉例來說，東大學生父母的平均所得不僅在所有國立大學中最高，也比幾乎所有私立大學的學生父母高。一般來說，由於國公立大學的學費低於私立大學，這個狀況等於是有錢人的小孩反而進入了學費較低的大學。

## 問題很難解決

為什麼會有這種現象呢？首先如果父母有錢，就會讓孩子進私立高中、請家教、去補習班或預備校（注）補習等等，這些行為都有利於提升孩子的大學考試成績。而貧窮的家長無法在孩子的教育上投入這麼高額的金錢，這難道不會造成機會不均等嗎？

只是，要解決這個問題並不是件容易的事。如果立法禁止補習班、預備校和家教等課外輔導的管道（事實上不可能實現，只是想想）呢？但總不能禁止父母在家裡教導自己的孩子吧。

一般來說，有錢的爸媽大都受過高等教育，也比較知道怎麼教小孩讀書。會

注：應付大學入學考試的補習班。

## 即使立法禁止補習班和家教

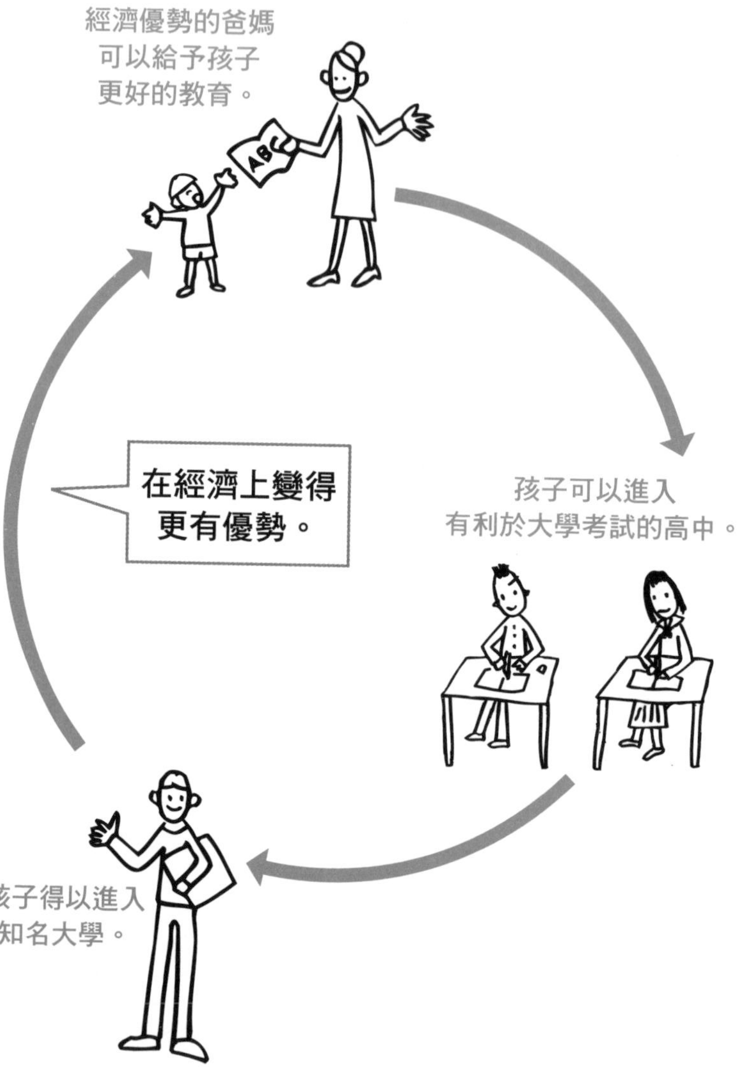
經濟優勢的爸媽
可以給予孩子
更好的教育。
ABC
孩子可以進入
有利於大學考試的高中。
孩子得以進入
知名大學。
在經濟上變得
更有優勢。

因為禁止補習班跟家教而感到困擾的父母，可能是以下這種：「自己沒受過良好教育，無法自己教孩子念書，所以即使入不敷出也希望讓小孩去補習班或接受家教的輔導。」也就是說，這個方法只會造成反效果。

在美國有許多地方採用稱為平權行動（affirmative action）的積極平權措施，藉此使社會少數族群（非裔或亞裔）的孩子可以優先進入一定程度的大學。這也是一種思考模式，但由於歐裔美國人也存在相對貧窮的家庭，因此批判該措施為逆向歧視的聲音也不絕於耳。

**教育是國家的百年大計，理應盡可能讓所有人享有平等的教育機會。但是要實現這一點卻相當困難。**

Lesson 23

# 為什麼會有利息？

就算惹人厭還是要收利息，
這是因為沒有利息，經濟就不會循環。

## 利息是金錢的「租金」

自古以來，貸款就是一個惹人厭的行業。也許是因為貸款會有利息這件事，讓很多人覺得不合理。

有一種收入叫「非勞動收入」。我流血流汗工作換取寶貴的金錢，結果你不用勞動光借錢就可以收錢（利息）了，有人認為這是不道德的。如果收取利息是不應該的，那為什麼利息沒有因此消失在這世上呢？

**答案很簡單，因為沒有利息，經濟就不會循環。**

有很多方式可以說明利息存在的理由，如果把利息想像成金錢的租金，箇中奧妙就很容易理解了。不管是租DVD還是租車，都必須支付一筆租金。所以當你要租用金錢時，付出一筆租金，也是理所當然的事。除了人與人之間互相借貸小錢外，不會有人願意在自己沒有獲取利益的狀況下貸款給別人，但是卻有很多人願意為了借錢支付利息。

沒有利息的借貸幾乎沒有人會願意供給，但是如果借貸有利息，就會產生供給和需求，因此利息不會消失。

## 利率的高低同樣由供需來決定

**利率的多寡取決於貸款人和借款人的供需關係。**

如果是信譽良好的個人或公司，由於妥善還款的機率相當高，因此會出現很多樂意放款的貸款人：「我願意提供低利率，請跟我們貸款。」也就是說，如果你是值得信賴的，就能用較低的利率貸款。

相反地，因為沒有人願意借錢給信用不佳的個人和企業，反而是借款人到處拜託：「我願意付高利率，無論如何請借錢給我們。」這麼一來，利息就會大幅提升。

## 利率的高低同樣由供需來決定

對信譽良好的個人和企業來說，會有很多人捧著錢來問：「利息低也沒關係，請跟我們借錢吧！」所以可以用很低的利息貸款。但如果是信用破產的個人和企業，則會因為沒有人願意借錢，導致需付出更高的利息。

為。

目前在日本，法律對利息的上限設有限制。這代表設定太高的利率是違法行為。

從經濟原則的角度來看，不管利息多高，只要借款人和貸款人在達成共識的狀況下決定供需關係，雙方就不該再有怨言。但是，如果締結的契約以常理來說，利率高到不可能還得起，就代表借款的那一方可能處在無法做出常理判斷的狀況。

為了周轉資金走投無路的人，通常腦袋裡只想著要度過這次難關，甚至連異常的高利率都產生「還得起」的錯覺。因此，設定利率上限是一項合理的措施。

不過，有時候也可能產生約定的利率高於法定利率的需要（即使那是借款人的錯覺）。這種借款人無法跟合法的貸款公司借錢，此時，違法的貸款公司就能趁隙而入。由於取締違法公司相當困難，因為借高利貸發生的悲劇也不曾歇止。

Lesson 24

# 所謂「金融」，就是資金的融通

多餘流向不足的特性使金錢得以周轉，這就是金融。而金融的中心機構就是銀行。

## 集中多餘資金再拿來借貸

所謂金融，跟字面上一樣，就是把金錢融通到需要錢的部分。一個國家有三個主要的經濟主體：個人、企業和政府。金錢在這三者之間流動，經濟方能成立。但是，資金不會朝著需要它的地方流向必要的金額。

事實上，**有些地方存在著多餘資金，有些地方缺乏資金，這才是普遍的狀況。將資金從多餘資金處轉移到缺乏資金處，這個融通金錢的行為，就稱為金融**。負責金融的組織則稱為金融機構。金融機構包含了證券交易所、保險公司等機構，但最主要的中心機構是銀行。銀行從個人和企業的盈餘中集中了大量的存款，並將這些存款借貸給那些資金短缺的個人和企業。

無論個人或企業，很難辦到完全不借款、自行準備全額所需資金。例如，想要擁有自己的房子，如果一定得花幾十年的工作存款才能動工的話，想要自行建造房屋的人就會漸趨消失。

同樣的道理，當企業想要擴大生產規模，必須建造工廠時，如果不借錢，公司就不得不多等幾年累積資金，結果錯過了難得的擴張時機。

## 金融會使貨幣增加

A在X銀行存入一百萬圓。

假設銀行將九十萬借給B，B拿著這筆錢去買了一輛車。於是這九十萬被B付給了販賣汽車的經銷商。交易完成後，該經銷商將這九十萬存入Y銀行。

此時，連同一開始A存進銀行的一百萬，合計共有一百九十萬同時存在銀行（X銀行跟Y銀行）當中。Y銀行有了這九十萬之後，一樣可以再把這筆錢借貸出去，這代表存款總額很有可能繼續提高。

就像這樣，**銀行藉由金融讓在市場上流通的貨幣供應量增加，就稱為「貨幣擴**

## 資金在三大經濟主體之間流動

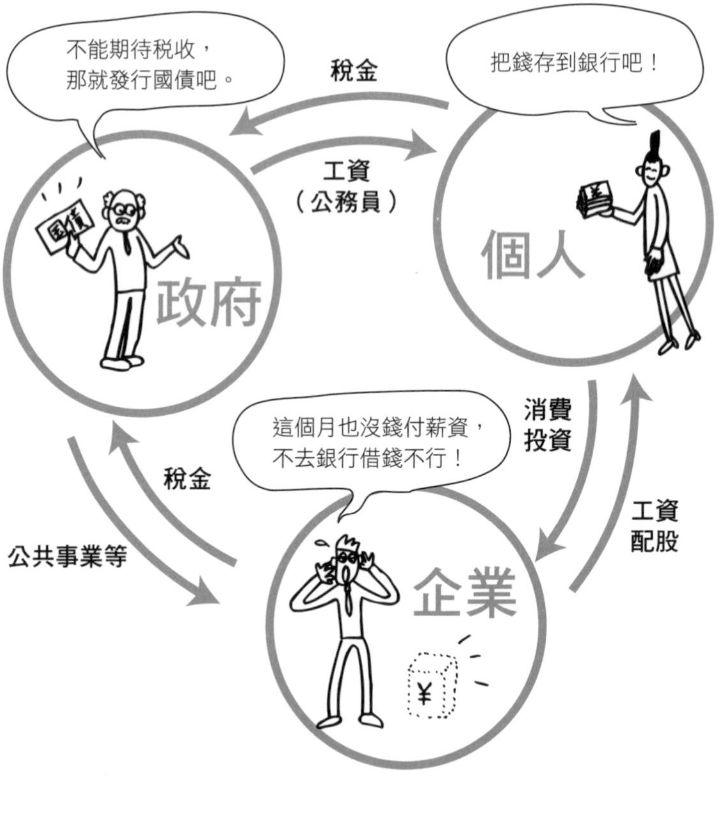

張」（money creation）。**貨幣擴張相當活絡的時候，就可以說景氣很好。**

銀行放款之前，都會慎重審查是否可以收到還款。在一般狀況下，假如用價值五千萬的土地擔保向銀行借錢，能借到的金額將會遠低於五千萬。這是因為土地也有可能貶值的關係。

然而在泡沫經濟時期，由於土地價格直線攀升，銀行也得寸進尺，預估五千萬圓的土地將會有六千萬圓的價值，就放款給對方六千萬。因此當泡沫破裂之後，無法回收借貸款項的銀行湧現了大量不良債權。這就是為什麼一些大銀行曾經暫時國有化，或是被迫合併的原因。

銀行經營不善，就很難提供資金貸款，整體經濟也會隨之陷入蕭條。因此銀行必須穩重、踏實地管理才行。

Lesson 25

# 長期通貨緊縮是日本的危機

發生通貨緊縮時，企業因為苦於經營開始削減人員，失業者也因此增加。

## 通貨緊縮會悄悄侵蝕經濟

**整體物價水準上升的現象稱為通貨膨脹，反之，下降的現象則稱為通貨緊縮。**

年屆中年的日本人，應該都記得戰敗後和石油危機時的通貨膨脹。一九八〇年後期，日本處於泡沫經濟時期，當時土地和股價都急遽上漲，一般商品的價格卻沒有什麼變化。泡沫破裂之後，大約一九九〇年代中期左右開始，日本一直處於通貨緊縮的趨勢當中。

通貨膨脹和通貨緊縮，哪個現象對經濟更有利呢？大部分經歷過通貨膨脹的人，可能都覺得「不要再來第二次了」。確實，商品的價值在短時間內持續上漲，存款價值蒸發，很容易加深民眾對未來的不安。

相較之下，似乎不少人對通貨緊縮的看法是：「物價下跌，所以還可以接受。」但是，就像俗話說「通膨是開朗的惡魔，通縮是陰沉的惡魔」，通貨緊縮雖然不張揚，卻正悄悄地侵蝕著經濟。

## 景氣的惡性循環

即使發生通貨緊縮，一般來說勞工的工資在短時間內並不會下降。因為如果調降工資，勞工會群起抵抗，經營者很難下決心去對抗這種反彈。物價下降了但是薪資沒有下降，代表實際可支用的薪資上升了，因此在最初的階段，勞工應該會相當開心。

然而，大多數的企業都從銀行借錢來做生意，即使進入通貨緊縮，借款的利息也不可能輕易削減。企業持有的土地，也會因為通貨緊縮的關係價值逐漸蒸發。

對企業來說，自家商品的價格漸漸下降，但是付出的工資和借款的利息卻沒有下降，這使經營變得愈來愈困難。因此，企業會用各式各樣的手段來裁減員工。例如：讓員工自行離職、進行所謂的解雇或停止錄用新進員工等等，結果導致失業人

## 通貨緊縮引發的惡性循環

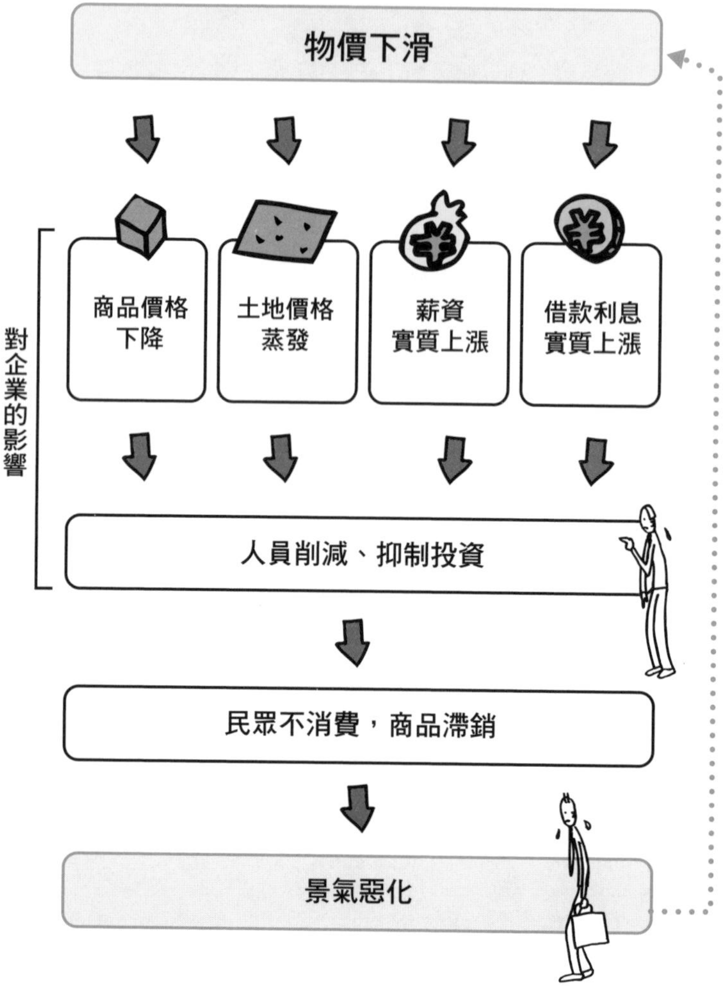

口上升。

在做利率相關的考量時，最好不要看名目利率，而應該考慮實質利率。名目利率指的是合約上白紙黑字載明的利率。例如：銀行店面標示存款利息為年利率三％，或是貸款合約上面載明利息為五％等，這就是名目利率。名目利率扣除通貨膨脹率所得出的數字，即為實質利率。即使存款利率高達三％，若通貨膨脹率是二％的話，實質利率只剩下一％。

即使名目利率低，如果因為通貨緊縮導致物價下跌，實質利率也會變高。因此，通貨緊縮時，向銀行借錢的企業會想盡辦法歸還所有款項。這麼一來，原先預定新建工廠、開發新商品等這些會造成景氣上升的企業作為，就會因為缺少資金而停擺。

**失業人口上升、投資停擺，使得願意花錢的人變少，導致整體景氣漸漸惡化。**

正因如此，通貨緊縮才會被視為陰沉的惡魔，無論如何都必須擊倒這個惡魔才行。

Lesson 26

# 基本工資上漲，反而造成失業人口增加

如果以為基本工資愈高愈好，那就太天真了。

## 基本工資上漲，反而造成失業人口增加的理由

在日本，「基本工資」依法由各都道府縣自行決定，任何雇傭關係，若工資低於基本工資就是違法。

日本二〇一七年的基本工資最高點落在東京的時薪九百五十八圓，較低的基本工資則出現在東北和九州的幾個縣，時薪低於七百四十圓。全國的加權平均值為八百四十八圓。

最單純的想法，可能會覺得基本工資愈高對勞工愈有利，認為工資低是因為老闆小氣不想給高薪，只要基本工資上漲，勞工收入增加後，景氣也會跟著上升。但是很遺憾的，這樣的想法實在太天真了。

一般狀況下，誰都能做的簡單工作，薪水就會比較低。雖然老闆小氣也是原因之一，但薪資的高低取決於工作的供需關係。

假設某公司有個工作「付得出時薪八百圓的工資，但若提高到九百圓就會虧損」。基本工資八百圓的狀況下，老闆會願意招募新人並考慮雇用，但如果提高到九百圓，就會放棄招募新人。最低薪資愈高，代表「不值得付那麼高薪水」類型的工作將會增加。因此對社會整體來說，基本工資上漲很可能導致失業率上升的結果。

**當然，維持生活的最低收入水平是必須的，但那並非只靠提高基本工資就能達成，若要保障人民的最低生活水平，必須搭配其他政策才行。**

## 解雇困難使企業傾向不雇用

為了保護勞工，法律制定的合法解雇要件愈來愈嚴格，沒有特殊狀況下，基本上很難解僱勞工。或許有些人認為這樣可以減少失業人口，但這也是錯誤認知。

企業有業績長紅的時候，也有業績下滑的時候。

## 基本工資上漲，部分勞工遭解雇

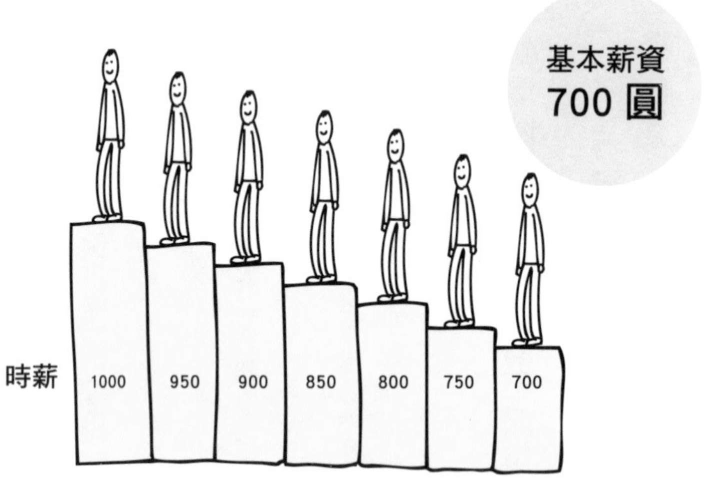
基本薪資
700 圓
時薪
1000
950
900
850
800
750
700

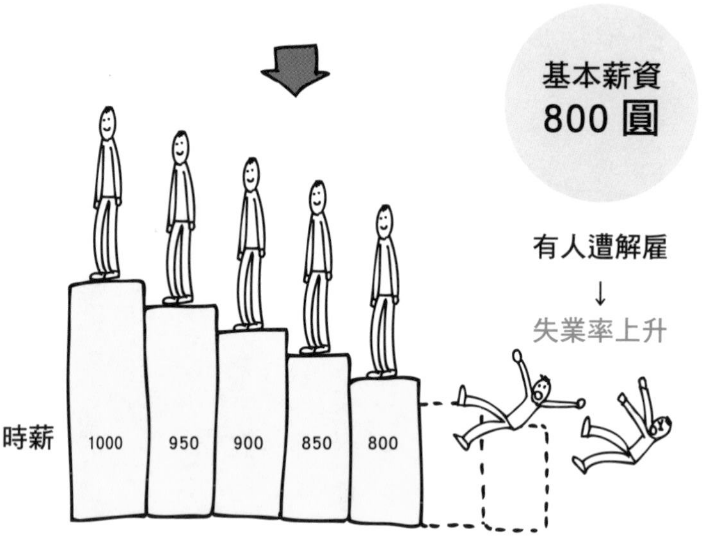
基本薪資
800 圓
有人遭解雇
↓
失業率上升
時薪
1000
950
900
850
800

如果業績變好，企業會願意雇用更多人來賺更多錢。但是，如果在這之後業績惡化的話就麻煩了。明明沒有那麼多工作，卻不得不持續支付薪水給員工。**因此，解僱勞工的法律要件愈嚴格，反而導致企業在業績好、有餘裕招募新員工時，仍然不願意招募新員工。**

有工作的勞工當然很開心，但是當景氣回溫正要發展經濟時，企業不雇用新員工，等於是對回溫的景氣踩剎車。最重要的是，對往後初出社會的年輕人來說，就業的大門將會變得更加狹窄。

事實上，法國由於正職勞工的權利強大而完整，資方因此不太招募新員工。惡性循環之下，年輕人成為了犧牲者。法國年輕人的失業率相當高，這也成為一個相當沉重的社會問題。

Lesson 27

# 資本主義與社會主義

正因為有倒閉危機，企業才會努力激發創意。
公司倒閉不一定是壞事。

## 效率低下的社會主義

在某種意義上來說，二十世紀是社會主義國家的世紀。第一個社會主義國家，是成立於二十世紀初期的蘇聯。蘇聯在其後的數十餘年逐漸擴展版圖，最盛時期，世界有相當大一部分的人口居住在社會主義國家。

但是，社會主義國家大多在二十世紀末相繼崩解，並轉變為資本主義國家。這些國家並非因為輸掉戰爭才改變國家型態，而是從內部開始逐漸瓦解。

可能的原因有很多，但是一般認為社會主義的經濟效率遠低於資本主義經濟，這點是無庸置疑的。在資本主義經濟之下，任何人都可以自由地進行經濟活動。因此人們無不瞪大雙眼四處尋找可能存在的商機，並**激發各種創意，孕育出各式各樣**

**的新商品和服務。這些行為都對經濟成長產生正面的影響。**

另一方面，社會主義則採取計劃經濟，例如，國內要生產什麼、生產多少，都由中央政府來決定，再分配給一座座的工廠。因此在國營企業裡，無論是老闆或員工，都不可能自行發展出更好的工作方法或成果。如果只是不認真工作倒還好，更多狀況是認為反正國營企業不會倒，就散漫經營。

在資本主義的體系之下，如果不時時思考如何提高經營效率，公司就可能在激烈競爭下倒閉。企業倒閉之後，不僅老闆和員工同時失業，股東持有的股份也變成一張白紙。此外，融資給該企業的銀行，以及無法回收應收帳款的合作廠商也會蒙受巨大損失，造成各式各樣難以解決的問題。

但是，倒閉不一定只有壞事。公司倒閉可以促進企業的新陳代謝，並活化經濟。

## 倒閉並不是壞事

二十一世紀的社會主義國家——中國及越南，在經濟上其實都採取了資本主義的制度以謀求改革。

## 公司不會倒，將導致效率低下

**社會主義國家的國營企業**

隨便做也沒差，
反正國家會想辦法。

負債增加

**資本主義國家的企業**

不努力就要倒閉了！

經濟成長

他們著手調整的第一件事，就是修改法律制度，允許國營企業可以破產。

在這些國家當中，企業破產不是一種自然現象，而是法律問題，所以必須從法律方面告訴人民，「如果發生這些情況，就會倒閉喔。」如果不這樣從根本上去著手，國營企業無論背負了多大的債務，也絕對不會倒閉，這樣的企業等於是一具殭屍。

**無法繼續經營的企業唯有倒閉，才能清算企業的負債**。之後，只要將剩餘資產分配給擁有權利的人，就能從剩下的債款中解放出來。無論是經營者還是從業員，都能夠再次出發。另外，對於那些放款給該企業的合作夥伴，一旦確定不可能收回款項，最好盡快運用會計原則將之認列為損失。

順帶一提，在日本，地方政府沒有與破產相關的規定，因此背負債務的地方政府，不管要花幾十年都必須持續清償債務。雖說這是個人責任，但是從今以後在該地方出生的孩子，明明沒有責任卻必須背負這些債務，實在相當殘酷。

我認為政府也應該像企業一樣，制定清算之後再出發的制度，不是嗎？

Lesson 28

# 確保競爭是政府的責任

完全自由放任會產生獨占、寡占的現象，將使消費者的權益受損。

## 沒有競爭，價格就會提高

沒有一家企業不希望用更貴的價格販賣自家的商品，無法順利提高價格的原因在於企業之間的競爭。如果只有自己提高價格，只要其他企業用更低廉的價格販賣，自己的商品就會滯銷。

但是回過頭來思考，**如果該商品沒有競爭對手，不管開多高的價格，消費者也會買單（不得不買）**。

這種提供商品的企業只有一家的狀況，就稱為「獨占」。企業只要獨占市場，就能自由地設定價格，雖說如此，也應有其限度。

例如，某國家只有一間鐵路公司，於是設定了相當高的乘車費用。另一方面，由於公車、計程車和航空公司的競爭相當激烈，費用相對來說較為低廉，乘客也傾向使用這些交通方式。所以對鐵路公司來說，事情並不如想像中順利。

## 獨占和寡占將造成消費者的損失

**一個市場當中，只有一家公司提供該商品或服務稱為獨占。不只一家公司，但公司數量極其少數的狀況則稱為「寡占」。**

如果企業數量很多，彼此當然會互相競爭，但是如果只有少數企業壟斷市場，各企業很可能提出相同的價格一起以高價販賣商品。從企業經營者的角度來看，在競爭當中殺得頭破血流、不得喘息相當疲憊，所以他們真正想要的其實是輕鬆獲利。

如果企業數量少，各企業有意無意地互相表示放棄價格競爭，並以相同價格販賣商品，相對來說比較容易達成。如果企業之間明目張膽地協定價格，就成了「壟斷利益集團」，將會被國家視為違反獨占禁止法（公平交易法）。

除了政府機關（在日本稱為公平交易委員會）的嚴格把關，企業結成利益集團

## 企業不競爭是消費者的損失

販賣同一種商品的A～E公司

停止嚴酷的價格競爭，
大家賣一樣的價格吧！

||

壟斷
利益集團

公平交易委員會

政府必須消除阻礙競爭的要素，
如企業對價格的不當操作等。

時很容易留下書面證據，因此很少有企業會以身試法。頂多是企業之間愈來愈精於相互配合、動作一致罷了。

如果你試著觀察周遭，會發現所有企業都用相同價格販賣商品和服務的狀況意外地多。

大型家電量販店的標示價格即使實際上沒有那麼便宜，卻仍會附註「有別家店更便宜，買貴退差價」。這句話看似充滿競爭意識，事實上或許暗藏了給競爭對手的訊息。

它的意思是：「我們不會主動削價競爭，但是如果你們要用價格來競爭的話，我們也不會退縮。雙方在價格上的競爭都節制一些吧！」

**靠著人類的利己心和相互競爭，就能使資源得到更好的分配，這是經濟學的法則，但這項法則不可能在完全自由放任的狀況下簡單實現。**為了消除阻礙競爭的要素，法律制度和政府的介入是不可或缺的。

Lesson 29

# 阻礙競爭的政府管制

阻礙競爭的管制必須消失，但合適的社會規範是必要的。

## 管制和放寬管制

在Lesson 28裡，我們談到為了確保競爭，避免獨占和寡占的狀況，政府必須有所作為。但是，因為政府管制使競爭受到限制的狀況也不少，不如說，這樣的限制其實占了多數。

其中之一，就是市場進入管制。

例如，酒類販賣需要申請許可執照。過去，新廠商要取得這類型的執照相當困難。根據「距離基準」與「人口基準」等規範，新的販賣廠商必須與現有銷售場所保持一定距離，並且該地區必須超過一定的人口數量，方能取得許可執照。

現在雖然大部分的便利商店都有販賣酒類商品，但是以前並不是每家店鋪都有賣酒。原本就持有販賣許可執照的酒類商店，在改為便利商店之後可以販賣酒類商品，其餘的商店則不能販賣。

只要政府採用市場管制，現有的供應商因為不需要費力競爭而坐收利益，意圖進入市場的新廠商將會非常困擾，而消費者則是被迫接受高價和不便的商品市場。如果政府能夠漸漸放寬這類型的管制，社會是樂觀其成的（除了現有供應商以外）。

設定管制也可能為政客或政府官員帶來甜頭。

在日本，原則上賭博是被禁止的。但是賽馬、競輪這類的公營競技賭博卻可以盛大舉辦。執行主辦的負責人，通常是主管當局指派的某位官僚。靠著彼此互相關照，什麼都能順利完成。

放寬管制一詞長期以來一直被普遍使用，但是這個用語本身並不精確。所謂放寬，意思是「標準放寬但並非取消限制」，在英文中則是普遍使用「deregulation」這個字，這個字含有徹底廢除規範、解除限制的意思，代表管制將會徹底消失。

**當政府大肆宣傳放寬管制時，似乎也意味著他們不會完全放棄自己的權益。**

## 政府管制的優劣

### 經濟管制

不發給
許可執照
隔壁就有酒類商店，
不符合距離基準和
人口基準的規定，
因此這家便利商店
不能販賣酒類商品！
酒類商店
一家
獨大
便利商店
政
府

**放寬管制**

（廢除距離基準和人口基準等規範）

**產生市場競爭**

再晚都能買酒喝！
酒類商店
便利商店 A
便利商店 B
酒變得比
以前便宜了！
這家店的商品
種類好齊全！

### 社會管制

嗶—
不遵守排氣標準
會造成公害，
不行！
政
府

## 社會管制是必須的

**政府公布的公共管制包含了經濟與社會方面。**之前提過的市場進入管制和價格控管，都是屬於與經濟相關的管制。而制定社會管制則是為了維護國民安全和保護環境，汽車廢氣排放標準即為其中之一。

曾經有家德國的汽車廠商在自家的柴油引擎上安裝非法軟體，藉此蒙騙排氣檢測。此一事件提醒我們，企業為了賺錢，有時會做出危害社會的行為，因此我希望社會管制能夠成為政府適當實施監管的手段（但是不能做得太超過）。

Lesson 30

# 電業自由化會造成什麼後果？

## 電力壟斷同時促進了核電的發展。電業自由化的優點和風險是什麼？

### 為什麼核能發電會被推廣？

東京電力公司的福島第一核電廠發生的核災，在各方面都造成了巨大的損害。過去居住在周邊區域的居民有許多人至今仍然無法回家，過著艱難的生活。因為這起事故，再次喚起許多人對於核能發電的疑問：「日本不僅國土狹窄，更是地震海嘯頻發，為什麼在這樣的地方要建造這麼多的核能發電廠？」

電力公司雖然不斷強調「跟火力、水力發電相比，核能發電的成本較低」，但是從過去到現在，仍然持續遭到社會批判，如：「加上處理核廢料的費用，事實上成本更高」、「如果發生巨大核災，損失將難以估計」。電力公司無視這些批判，盲目地發展核能發電廠到現在這樣的地步，到底是為了什麼？

**當我們試圖思考社會動態時，很多時候從經濟學的角度進入相當有幫助，其中更以從「誰能從中獲取利益」的角度切入最為有效。**電力公司強勢發展核能發電，就是因為可以藉此大賺一筆。

日本的電力市場被各區域的電力公司壟斷，因為沒有競爭且沒有替代方案，電費因此居高不下。

日本的電費採用「投資報酬管理法」來計算，這是在發電和輸電所需的成本上，額外加上一定比率的利潤，以求回收總成本的電費設定方式，對電力公司來說相當有利。**在市場上競爭的企業無不盡量降低成本，但是投資報酬管理法卻使電力公司花費愈多成本，利潤會愈高。**

因此，建造成本浩大的核能發電廠對電力公司來說再好不過了。如果電力公司在市場上競爭並光明正大的賺錢，人們也不應該有所怨言，但他們卻是靠著壟斷市場來獲取鉅額利潤，這又該如何解釋呢？

## 核能發電廠蓋愈多愈賺錢

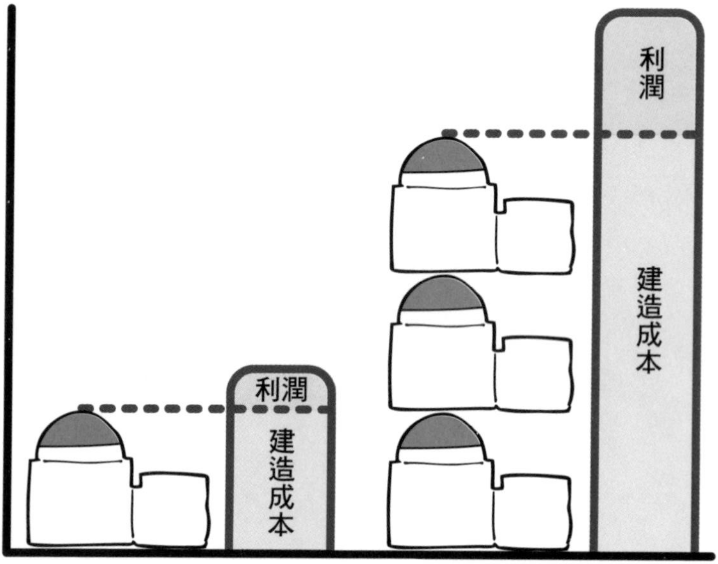


在發電和輸電所需的成本上，
額外加上一定比率的利潤，
這是一種可以回收所有成本的電費設定方式，
相當有利於電力公司。

## 新供電商的加入可使電費自由化

近年來，日本終於開始了電業自由化的腳步。**過去其實就有針對大量用電對象零售電力，顯示出緩慢走向自由化的趨勢，終於在二〇一六年四月正式開放電力零售全面自由化**（注）。包含家庭和一般店家等所有用戶，往後都可以自由選擇電力公司和電費計算模式。

對那些只想使用太陽能、風力、水力或地熱等綠電的用戶來說，今後如果出現類似的供電商，就可以向這些供電商購買電力。如果你在自家住宅或庭院設置太陽能板供電並想出售多餘電力，那也是可能辦到的。（但必須先登錄為電力零售業者。）

由於零售自由化，投資報酬管理法的計算模式原則上被廢除，今後因為價格競爭的關係，電費下降指日可待。然而就現狀來說，新供電商並未急遽增加。

二〇一七年三月底，全面自由化後剛好一年的這個時間點，日本只有四・七％的用戶更換為新的電力公司，即使是比率較高的東京也僅停留在七・一八％。希望可以促進更多的競爭。

注：台灣則在二〇一七年一月通過電業法修正案，先開放第一階段的再生能源（俗稱綠電）發電業及售電業進入電業市場。

Lesson 31

# 「虛擬貨幣」是什麼？

系統相當便利，
但是風險不得不讓人小心謹慎。

## 虛擬貨幣就是沒有實體的金錢

虛擬貨幣這個名詞出現在財經新聞上的次數漸趨頻繁，事實上，虛擬貨幣跟一般的金錢沒有什麼區別。

最大的不同點在於，一般的錢（法償貨幣）如紙幣和硬幣具有實體，雙眼可見並可觸摸；但是**虛擬貨幣並不實際存在，是僅存在於電腦中的虛擬數據。**

如果是有形的貨幣，你的錢包裡有一個十塊錢的硬幣，任何人都會認為那就是你的錢。然而，如果是在電腦中以數據存在的虛擬貨幣，對一般人來說，可能必須透過設備才能分辨是誰的錢，還必須進行加密防止複製和偽造。

虛擬貨幣有許多種類，其中最普及的是比特幣，關鍵在於它擁有被稱之為區塊鏈這項高度的加密技術。所有比特幣的交易紀錄被同時儲存在世界上的許多電腦當中，即使有人試圖在自己的電腦偽造比特幣，只要偽造的記錄跟其他電腦上的記錄不相符，就不可能達成目的。

**在法償貨幣存在的情況下，特地導入虛擬貨幣的原因是跟法償貨幣比起來，虛擬貨幣更具有優勢。**

當你想要小額付款給住在遠方的友人時，不管是到郵局寄送現金袋，或是從銀行帳號匯出，都要花費時間跟手續費。如果朋友住在國外的話就更麻煩了。

此時，若你和朋友都有同一種虛擬貨幣的帳號，無論你們分別在世界上的哪個角落，都可以簡單地透過電腦或手機轉帳給對方。或是當一群人吃完飯要各自付現時，經常因為沒有零錢，所以不能算得很仔細。這時如果使用虛擬貨幣，這種細節的處理也是瞬間就能解決。最近，許多店家趁著這股趨勢，也開始提供客人使用虛擬貨幣付款的服務。

若想購入虛擬貨幣，必須到交易所創建帳戶，並從這裡開始進行購買。交易所的數量相當多，在日本，虛擬貨幣的交易所必須到政府的金融廳登記，因此盡量選擇確實登記的交易所，比較值得信賴。

## 虛擬貨幣的諸多優勢

不是實體金錢，
所以沒有
轉帳手續費！
聚會要各自付錢時，
算錢的細節
可以很簡單完成！

## 但是，虛擬貨幣的風險仍然很高

金融

有可能因為資安不夠嚴謹而導致損失。
另外，目前虛擬貨幣的價格透過市場交易來決定，
因此並不適合拿來日常生活使用。

## 風險仍然很高

最近日本在虛擬貨幣市場的交易量急遽增加，據說日本的交易量甚至高達全世界虛擬貨幣市場的一半。這些人爭先恐後進場購買虛擬貨幣的動機並不是為了轉帳或支付，而是像購買股票一樣，想靠虛擬貨幣在市場上一舉獲利。

經營交易所的業者也是一家接著一家開。二〇一八年一月，有業者因為疏於資安遭受攻擊，導致客戶存放的五百八十億虛擬貨幣不當流出，在社會上引起了相當大的騷動。

虛擬貨幣目前透過市場交易決定價格，由於價格變動太過劇烈，因此難以使用於一般轉帳或購物。今後，虛擬貨幣可能透過法律和制度的整合變得更便利、更安定，但是目前的狀況仍不明朗。事實上，如果銀行等傳統的轉帳方式變得更加安全便利，虛擬貨幣就失去了一大優勢。

**如果在目前的情況下進入虛擬貨幣市場，務必鑒於風險謹慎操作。**

專欄

# 歐盟的經濟出了什麼問題？

歐洲過去曾經是世界經濟的龍頭，然而在經歷了兩次世界大戰之後，經濟地位漸漸不如從前。為了集合眾國之力重振經濟，一九五二年由德、法等六個國家建立了歐洲煤鋼共同體（ECSC）。從此逐漸穩步擴大，一九九三年在「一個歐洲」的口號之下統合成為歐洲聯盟（EU）。歐盟的原則是成員國內的人民可以自由地移動，並且能自由地進行商業貿易。

歐盟目前共有二十七個成員國，是一個巨大的經濟體，並推出共同貨幣「歐元」作為經濟統合的象徵，共有十九個國家廢除自己國內的貨幣，採用歐元為流通貨幣。

但是，歐盟並非就此一帆風順。

在歐元區內有德國這樣的經濟強國，也有希臘、葡萄牙和愛爾蘭等經濟較弱勢的國家。特別是希臘的債務危機，甚至威脅到歐元區其他各國的經濟。

希臘政府一直以來在公共事業和公職人員的薪資支出上相當大方，然而為了顧及人民的接受度一直避免加稅。

此外，希臘政府長期以來隱匿了鉅額的赤字，狀況因此變得相當棘手。稅收不足的部分雖然透過發行國債來紓困，仍一再陷入無法償還國債（借錢不還）和債務不履行（default）的危機。

歐元區以外的國家，政府基本上持有貨幣的發行權。就像Lesson 34說明過的，如果能用自己國家的貨幣發行國債，就能降低債務不履行的危機。但是希臘因為加入歐元圈，國家並沒有發行貨幣的權利。所以無法依照國家狀況來調整貨幣的發行量和利率。

為了減少政府支出，只剩下增稅這個手段，對國民來說狀況相當嚴峻。

火勢也蔓延到歐元區內其他經濟狀況良好的國家。對於持有希臘國債的海外金融機構和一般個人來說，也蒙受了巨大的損失。特別是在歐洲有好幾家大型銀行都買入了大量的希臘國債。如果大型銀行陷入經營困境，銀行所在國家的經濟也可能陷入危機。

國際輿論雖然把一切歸罪於希臘，但是貸款給希臘的一方也有責任。

德國明明率先開始管理希臘的經濟狀況，並對自己必須為希臘散漫的財政擦屁股多有怨言，但是卻不斷推銷、貸款給希臘，在某種程度上德國也同樣需要被究責。

歐盟裡還存在著其他混亂局面。

二〇一六年六月，英國舉行全國公投，讓選民決定是否脫離歐盟。結果，雖然支持脫歐的票數僅稍微領先，仍取得了過半數的支持。這就是所謂的「英國脫歐」（Brexit）。根據投票結果，英國政府於二〇一七年三月正式宣告脫離歐盟。啟動脫歐程序之後，與歐盟談判的交涉期限為兩年（注）。

投票支持脫歐的人，認為自己繳出的稅金被經濟較弱的國家拿走，或是從經濟弱勢國家來的移民，使英國需要拿出更多錢支付社會保障的支出，他們對此感到相當不滿。相反地，投下反對票的人則較為重視維護難民的人權，並認為移民就業有助於活化經濟等等。

不只是英國，各國對歐盟官僚制度的反彈也已根深蒂固。負責歐盟政策的官僚們，一路以來經常通過諸多沒有共識的管制規則。

例如，二〇一四年九月開始，為了減少二氧化碳的排放量，歐盟禁止銷售功率

注：英國已於二〇二〇年一月三十一日正式退出。

超過一千六百瓦以上的高功率吸塵器。當時，許多人趁著法令生效之前搶購高功率吸塵器。

事實上，耗電量必須從整體去考慮，花更長時間使用功率較差的吸塵器，或許可能使整體耗電量增加。歐盟過去也曾經針對可販賣的蔬菜形狀和大小等各種細節進行管制。

歐盟的理念崇高，然而現實卻比想像中更加嚴峻。

第 3 章

# 政治與經濟的關係將如何演變？

政治在經濟裡扮演著什麼角色？
我們應該尋求什麼樣的政治？
讓我們一起來思考。

Lesson 32

# 政府能讓景氣變好嗎？

當個人和企業不願花錢時，
政府可以利用財政政策和貨幣政策改善景氣。

## 政府替個人和企業花錢

個人和企業積極參與經濟活動可以改善景氣，反之則會使景氣惡化。而個人和企業是否積極參與經濟活動，取決於他們對未來感到樂觀抑或是悲觀。

企業如果認為「今後商品會大賣」，他們甚至願意貸款來募集資金，雇用大量勞工並擴大生產。對個人來說，如果「有穩定的工作，今後收入會慢慢增加」，消費力就會上升。如此一來，景氣就會愈來愈好。

反之，如果對將來感到悲觀，企業不願意生產商品，反而會清償所有債款，並藉由解雇員工來降低成本。個人則是會因為不知道什麼時候會失業，害怕沒有收入而節制日常消費。這麼一來，景氣就會漸趨惡化。

在這種情況下，政府為了挽救景氣，就會透過財政政策和貨幣政策來干預市場。

**財政政策，意味著政府會透過替個人和企業花錢的方式來改善景氣。**政府藉由發行國債募集資金，並投注在公共事業上，於是參與其中的企業和個人就會獲取利潤。手頭寬裕的企業和個人會比從前更願意花錢，因此其他企業和個人的金流也會改善。

另外，由於投注公共事業使社會基礎設施更加完備，創造出個人和企業都能更簡單開始經濟活動的環境，因此也能刺激景氣。

貨幣政策的推手是各國的中央銀行，在日本，這個推手就是日本央行。**只要日本央行透過商業銀行購入日本國債，等於商業銀行手邊湧入了充足的資金，能夠以較低的利息借出更高額的款項。**

只要貸款的利息調降，企業就更願意向銀行借錢來投資設備，個人也更容易向銀行貸款購買房車。景氣也會因此逐漸上升。

## 政府利用財政政策和貨幣政策來改善景氣

**財政政策** 政府替不花錢的個人和企業花錢。

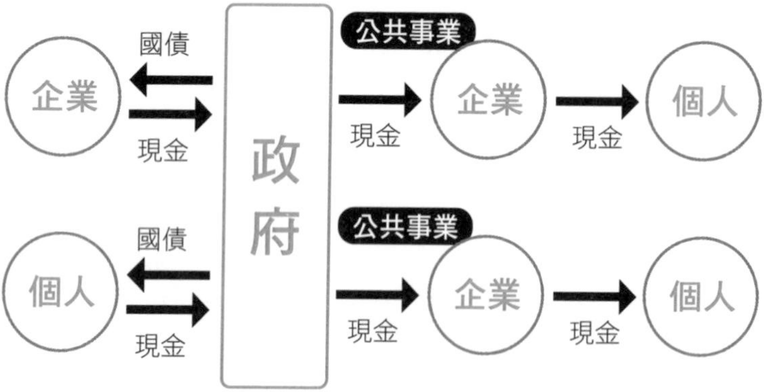


**貨幣政策** 日本央行調降利率，
銀行和企業借錢變簡單。

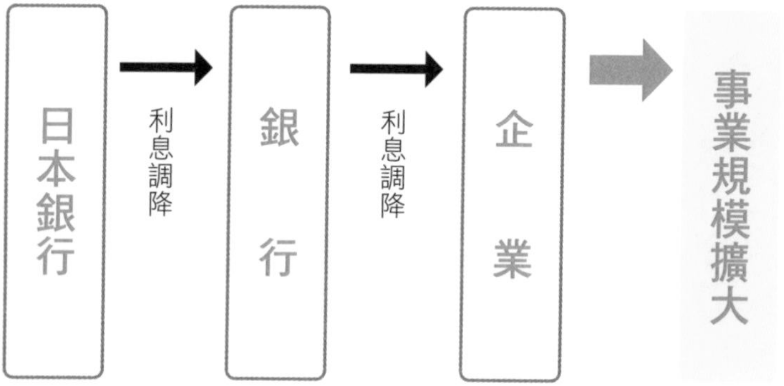

## 政策是否有效，各方意見分歧

但是，財政政策和貨幣政策的效果如何？不同的經濟學者也提出了不同的看法。極端來說，有些學者主張財政政策沒有任何效果。

假設政府發行國債並開始著手公共事業，為什麼不直接加稅反而以國債募集資金？原因是景氣差的時候，加稅會造成景氣惡化的反效果。而國債其實就是政府的債務，總有一天必須償還，屆時償還的資金仍然要靠稅收支付。也就是說，在未來的某一個時間點，還是要加稅。

民眾深知這一點，因此他們會為將來的加稅節省開支、盡量儲蓄。所以即使政府透過發行國債、投入公共事業以試圖改善景氣，也不會因此達到目的。

最終，仍然歸結到人類觀點的差異。

**如果人類可以理性地預測未來走向，政府無論推出什麼樣的政策都是行不通的吧。但是，如果國民無法預測到那麼遙遠的將來，政府就能透過某些政策干預使景氣好轉。**

Lesson 33

# 諾貝爾經濟學獎得主所提倡的「助推」

為使人民生活更加富裕，
政府引導民眾所施的小手段。

## 「助推」引導人民走上更富裕的道路

二〇一七年的諾貝爾經濟學獎（正式名稱為瑞典中央銀行紀念阿爾弗雷德・諾貝爾經濟學獎）頒給了芝加哥大學的理查・塞勒（Richard H. Thaler）教授。「助推」（Nudge）這個概念就是由塞勒教授所提出，**意思是引導他人做出期望方向的選擇**。

主流經濟學假設人類具有完全的理性，因此政府試圖指導民眾不僅不必要，甚至被認為是有害的。然而，現實是人類比想像中更加不理性，往往做出他們已知對自己沒有益處的行為。例如：不小心吃太多導致減肥失敗、飲酒過量導致宿醉、玩到考試考不好、年輕時沒有儲蓄導致老後生活困苦等等。如何，是不是有當頭棒喝的感覺？

當然，如果可以辦到的話，誰都不想做出讓自己後悔的事，但很多時候靠自己就是無法辦到。若是政府直接介入人民的生活，不只違反民主國家的精神，也會引起民眾反感。因此，為了使人民擁有富裕的生活，政府會設下小小的機關引導民眾，這就是「助推」。

例如，塞勒教授在美國開發了一套「明天存更多」的儲蓄機制。對於沒有存款的月光族來說，只要將工資的一部分設定為每個月的自動存款，不要讓自己輕易領出來就好。

到目前為止是我們經常聽到的儲蓄方法，但是塞勒教授的這套機制更加精準。年輕時由於工資微薄，很難拿出太大的比例進行儲蓄，因此存入定期存款的金額往往設定得較低。等到職涯累積了一段時間、工資增加之後，你已經可以增加定期存款的金額，但是由於人們怕麻煩，已經決定過的事就不願意去更動，因此許多人的存款金額還是比照最初設定的金額或比例。

因此，塞勒教授的這套機制，就是鼓勵人們一開始就設定薪水低時定期存款提領的比例少，然後隨著薪水上升慢慢增加提領比例。這麼一來，定期存款就能輕鬆

## 助推引導人民變得更富裕

**「助推」**
**＝**
**引導他人**
**做出更好的選擇。**

我明明知道
這樣很不好……

一不小心就……
· 飲酒過量
· 暴飲暴食

**人們即使知道對自己有害，**
**仍會做出不合理的判斷。**

這邊比較好耶！
這麼做
比較有利喔！

**就像有人在身旁輕推一樣，**
**如果可以將人們導向好的方向，人民就會愈來愈富裕。**

地隨著薪資增加，可以幫助人們更穩健地完成退休準備。

最令人刮目相看的是，嫌麻煩的人即使自己不去審視存款合約內容，系統也會自動幫你調整存款比例。

## 民間企業也可以運用

### 民間企業也可以運用助推的思維。

在飯店連住好幾天時，房間裡通常會放置「為了不造成環境負擔，若您不需要更換床單和毛巾，請掛上此牌」的掛牌。但是使用掛牌的人有限。於是，美國進行了一項實驗，他們透過改變掛牌上的內容，實際測試什麼樣的訊息能達到最好的效果。

結果，寫上「共有七十五％的房客協助我們」的掛牌取得了相當好的成效。然後，比這張掛牌更有效的掛牌是「本間客房有七十五％的房客協助我們」。

房客對於曾經跟自己住在同一間客房的客人感覺更親近。比起陌生人，人類更傾向於配合相對來說更親近的人。因此他們會想「如果住過這間房的人都這麼做，我也這麼做好了」，並協助掛上掛牌。

Lesson 34

# 安倍經濟學有效嗎？

安倍晉三首相強調的改革效果，民眾是否有感？

## 「異次元貨幣寬鬆政策」

二〇一二年底成立的第二次安倍政權為活化日本經濟，打出「安倍經濟學」經濟政策。安倍經濟學的主幹是被稱為「三支箭」的三個政策。

第一支箭是「大膽的貨幣政策」，實施貨幣寬鬆，讓日本央行向國內提供源源不絕的資金。第二支箭是「靈活的財政政策」，藉由擴大公共建設，轉移資金到相關的民間企業，讓企業進一步整備社會基礎設施。第三支箭是「鼓勵民間投資的經濟成長策略」，藉由放寬管制，營造民間企業和個人更容易施力的環境。這些政策相互配合，成為安倍政權活化經濟的骨幹。

特別受到注目的是第一支箭的貨幣政策。日本央行於二〇一三年開始啟動「異次元貨幣寬鬆政策」，對市場提供源源不絕的日幣，試圖讓長期處於通貨緊縮的日本經濟，達到通貨膨脹二％的目標。政策上，採用為通貨膨脹率（物價指數上升）設定目標之「通貨膨脹目標機制」。

所謂的通貨緊縮，指的是貨幣價值上升，民眾不願意花錢消費的社會狀態（詳見Lesson 25）。

通貨緊縮會使景氣在不知不覺間逐漸惡化，因此藉由大量供給日幣，讓日幣貶值以達到刺激消費的目的。具體而言，日本央行**向商業銀行買進大量國債，民間銀行收到這些款項之後，就有更多的錢可以放款給民間。這是政策主要的執行架構。**

泡沫經濟崩盤後，日本多年來持續實施貨幣寬鬆政策，卻仍然無法改善通貨緊縮的日本經濟。因此也導致有學者認為貨幣政策沒有效果可言。相反地，另一派的學者則認為，力道不夠的貨幣寬鬆政策使日本經濟無法擺脫通貨緊縮，只要實施更大膽的貨幣寬鬆政策，就能達成通貨膨脹的目的。「異次元貨幣寬鬆政策」，正是源自於後者的思維模式。

## 日本央行的貨幣政策

### 安倍經濟學的三支箭

**第一支箭**

透過貨幣寬鬆政策
讓日本央行
供給大量資金。

大膽的貨幣政策

**第二支箭**

擴大公共建設，
整備社會基礎設施。

靈活的財政政策

**第三支箭**

藉由放寬管制，
營造民間企業和個人
更容易施力的環境。

鼓勵民間投資
的經濟成長策略

**實施「異次元貨幣寬鬆政策」，**
**帶領日本經濟脫離通貨緊縮的現狀。**

### 那麼，安倍經濟學「成功」了嗎？

**雖然GDP、股價上升了，工資仍然沒有增加，**
**民眾對景氣變好無感。**

為了使民間企業踴躍投資、刺激民眾買氣，
政府必須準備更多對策！

## 通膨目標仍未達成

安倍經濟學是否發揮效果？根據首相官邸官方網站提供的資料，實質ＧＤＰ、股價和就業率等經濟指標正在相繼上升，因此政策確實有效果（資料時間點為二〇一八年二月）。

但是，雖然景氣變好了，民眾卻無感。股價確實上升了，因為日幣貶值，出口企業應該也有獲利，但是工資卻未如預期增加。以美金計算，日本的工資甚至還下滑了。另外，根據日本貿易振興機構（JETRO）的統計資料，在二〇〇七年到二〇一六年這十年間，日本勞工的工資按美金計算下滑了將近三十％。

當初設定在二〇一五年四月應該要達成的二％通膨未能達標，目標期限也因此延後。原先，政府的貨幣政策和財政政策是為了讓景氣復甦注入的活水，如果民間企業投資跟個人消費都不踴躍，景氣就不會好轉。

**為了讓國民對未來感到樂觀以達到刺激消費的目的，政府必須採取更多對策。**

Lesson 35

# 公共事業扮演著什麼樣的角色？

公共事業的定義——
「由稅金建造，不向使用者收費的設施」。

## 拿稅金建造「公共財」即為公共事業

**經濟學將社會上所有經濟活動的主體分為三類：「個人」、「企業」和「政府」**。個人透過勞動獲得收入，以購買商品和服務。企業籌措資金，雇用勞工來生產商品和提供服務。政府也透過雇用勞工（公務員）來購買商品和服務，並額外從事政府限定的經濟活動，那就是徵收稅金。政府的存在就是為了向國民徵收及運用稅金。

政府的方針是為了「公眾利益」徵收並使用稅金，並且分為兩種模式——建造有形的「公共財」，以及提供無形的「公共服務」。

一般來說，建設公共財即為「公共事業」。

所謂公共財，具體來說如道路、橋梁、港口或公園等，只要是一般人可利用的公共設施，大致上都符合其定義。不過，接下來讓我們一起更嚴謹地思考看看。

公園確實是一個公共設施，它是任何人都可以休閒放鬆的地方。但是大家並不只會在公園休閒放鬆。像東京迪士尼樂園這樣的遊樂園，也是很多人休閒跟玩樂的去處。然而，我們不會說東京迪士尼樂園是一項公共設施。其中的差異在於：東京迪士尼樂園向民眾收取入場費。

人們願意花錢到東京迪士尼樂園玩，只要有這樣的需求，認為有利可圖的企業就會出來提供場地和服務。以這種方式使企業和個人之間產生交易行為的東西或設施，在經濟學上就稱為「私有財」。

## 公共財和公共服務不向使用者收費

相反地，民間企業無法向消費者或使用者提供不收費的設施或服務。例如，一般道路就是如此。車輛和行人在所有的道路上、也在狹窄小巷裡通行，但我們不可能向所有在路上的行人收取費用（至少以現在的技術來說不可能）。

## 資金透過公共事業在社會上流通

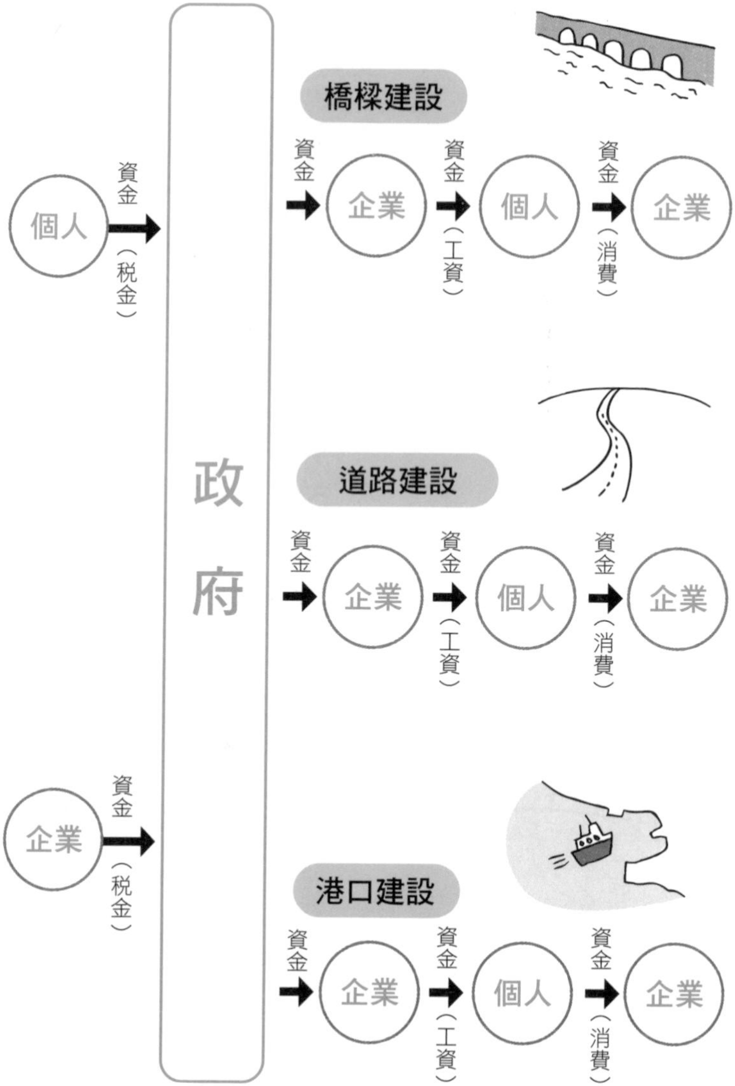
個人
資金（稅金）
企業
資金（稅金）
政府
橋樑建設
資金 企業 資金（工資） 個人 資金（消費） 企業
道路建設
資金 企業 資金（工資） 個人 資金（消費） 企業
港口建設
資金 企業 資金（工資） 個人 資金（消費） 企業

因此，道路不會是私有財，也不會由企業來提供。但是如果沒有道路會相當不方便，因此政府向市民徵收稅金做為建設公共財的費用。

公共服務也一樣。例如，軍隊不可能只針對付費者提供服務。如果有一天戰爭開打，外國的軍隊攻入國內，國家的軍隊不可能「這家有付費要保護、那家沒付費不用管」，像這樣一一確認保護對象。警察和消防隊也一樣。

**經濟學當中所謂的純公共財或公共服務，指的是不能向使用者收費、沒有排他性質的設施或服務。**以日本的高速公路為例，因為使用高速公路需要付費，所以嚴格來說，高速公路不算是公共財。

Lesson 36

# 財政赤字不一定是壞事

政府赤字相等於國民的盈餘，債務只要能有效運用就沒問題。

## 只要以日幣發行國債，就不會還不了錢

**政府的支出（公務員的人事費用、社會保障支出、軍備費用等）高於收入（主要是稅收）時，即為財政赤字。政府為了填補財政赤字會進行借款，借款的協議或形式即為國債。**

根據日本財務省的統計資料，二〇一七年底，日本政府的公債餘額預計約為八百六十五兆日圓，分攤給每位國民的話，一人約為六百八十八萬日圓（不包含其他地方政府的借款）。

如此鉅額的財政赤字是一大問題嗎？其實也不盡然。從經濟學的角度來看，赤字不一定是壞事。

事實上，這個金額是政府的債務，不是你的。

經常有人說「國家的債務」，但這個說法把國民和政府視為一體，其實並不恰當。極端來說，你只要取得外國國籍並移居到海外，日本政府的債務就跟你無關了。

政府的財政赤字會造成什麼問題？第一，政府是否有可能還不出錢來？歷史上，有好幾個國家曾經陷入無法履行債務的危機。但那些例子都是以外國貨幣發行國債才導致無法履行債務，日本只要以日幣發行國債，原則上應該沒有問題。因為政府在任何時候都可以透過加稅來償還必要的債務。

如果實在沒辦法加稅，還有一個最終手段，那就是直接加印日幣現鈔。當然，印鈔會導致日幣貶值，可能會使日本陷入通貨膨脹的危機。

政府的債務一旦增加，很多人可能都會陷入整個國家變窮的錯覺。然而，目前購買日本國債的金主大多是日本人，因此政府的債務有多少，等於國民的金融資產就增加多少。**只要把政府的財政赤字和人民的利潤相抵銷，就能大致打平。**

## 政府的財政赤字與人民的關係是？

政府的財政赤字（國債餘額）
不等於人民負債。

呼！
呼！

政府的債務有多少，
人民的金融資產就增加多少。

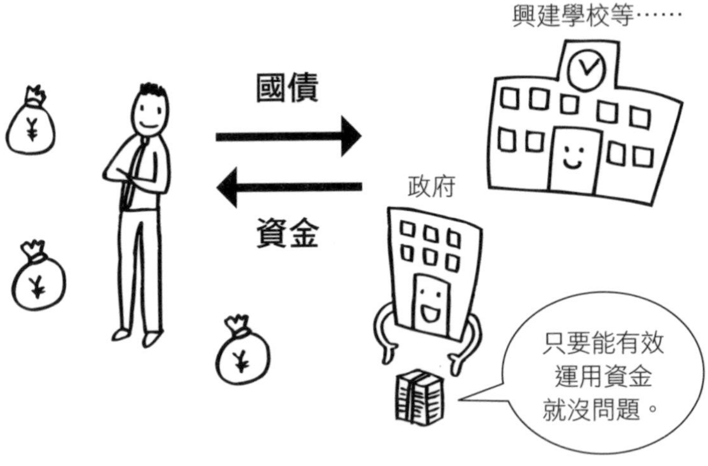
興建學校等……
國債
資金
政府
只要能有效運用資金就沒問題。

## 債務只要能有效運用就沒問題

人們對財政赤字的第二項批評，是世代間的負擔分配問題。為了償還國債，如果未來加稅是必然，目前的世代靠借錢享受富裕的生活，將來的世代是不是會需要幫他們擦屁股？

如果目前這個世代濫用並浪費了這筆錢，什麼都沒能留給下一個世代，這不是不可能的事。但如果他們能夠有效運用這筆債務，並留給下個世代的孩子更富裕、更宜居的社會，他們也就不會有任何怨言了吧？

不過，上述只是經濟學的理論原則。政府是否能為了將來的日本，有效運用透過發行國債獲得的資金，我實在樂觀不起來。為了博取人氣到處撒錢，出現各式各樣將來無法運用的支出。貪圖一時的名聲反覆舉債，後果讓未來的孩子承擔，實在太過殘酷了。

Lesson 37

# 我們應該接受增加消費稅嗎？

政府雖然透過輕減稅率減輕消費稅增加的負擔，卻仍然存在著棘手的問題。

## 日本延後調漲消費稅

自一九八九年導入三％消費稅之後，歷經兩次調漲，分別為一九九七年調漲至五％，以及二〇一四年調漲至八％。原本預定二〇一五年十月調漲至十％，卻因為景氣不佳再次延至二〇一九年十月。

之所以增加消費稅，是為了改善日本政府的財政赤字（如Lesson 36所述，財政赤字不一定是壞事，但也不絕對是好事，以下將以此為前提繼續論述）。

要改善財政赤字，最終仍必須仰賴增加稅收。跟所得稅等類型的稅收相比，消費稅因為較難逃稅，政府在徵收上也較為有利。但是，**一旦增加消費稅，消費者理所當然地會減少購買行為，很可能對景氣產生不良的影響**。日本的景氣遲遲沒有上升，政府很難在這個時間點加稅，因此調漲消費稅至十%的政策也不斷延期。這就是延後調漲的前因後果。

## 輕減稅率能減輕低收入戶的負擔嗎？

消費稅調漲至十%的另一個討論焦點，是輕減稅率的問題。

原先，消費稅對低收入者的收入來說，就是一個很大的負擔。高收入者只需要分配一部分的收入來消費就可以應付生活，而低收入者卻不得不拿出大部分的所得來進行消費。

因此做為調漲消費稅的配套措施，政府提出了輕減稅率，透過降低生活必需品的消費稅率，來減輕低收入者的負擔。事實上，在生鮮食品方面適用較低稅率的國家並不少。

然而，這存在一個相當棘手的問題。那就是什麼樣的商品適用「輕減稅率」？什麼樣的商品不適用？光是區分兩者就很容易產生不公平的狀況。假如輕減稅率的原則為「生鮮食品適用輕減稅率，加工食品適用正常稅率」，便可能造成以下狀

## 加稅後，支援低收入戶的措施是？

如果不處理財政赤字的話……

**消費稅由**

**8% ➡ 10%**

但是

東西好貴，
買不起……

**為了保障國民的生活**

**導入「輕減稅率」**
**配套措施？**
**調降生活必需品的稅率**

**直接給付現金**
**給低收入戶？**

生鮮食品

高級哈密瓜
也適用輕減稅率嗎？

餐飲店

外帶適用輕減稅率，
內用除外？

檢查的相關規範呢？

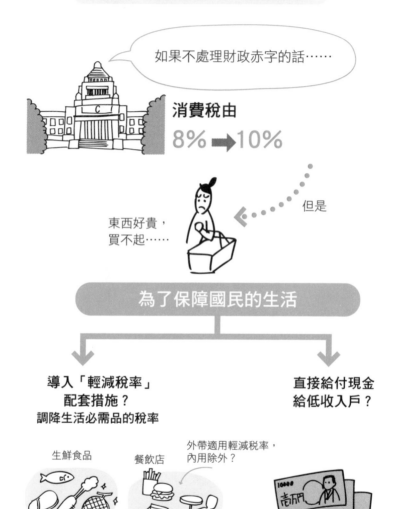

況：有錢人才買得起的一萬圓高級哈密瓜適用輕減稅率，一般民眾買一杯一百圓的杯麵卻適用正常稅率。遇到這種狀況，你能釋懷嗎？

並且，輕減稅率的原則由官員和政客決定，有些人可能會為了讓自家商品成為輕減稅率的對象而走後門，政客和官員就可以從中撈油水。**那還不如放棄輕減稅率，直接另外給付補助金給無法負擔消費稅的低收入戶更為單純。**

另一個不能放過的重點是，日本徵收消費稅沒有使用費用單據（invoice）。費用單據是商店進貨時會一併收到的憑證，上頭會確實記載消費稅的金額。只要有費用單據，不只商店很難逃稅，徵稅時作業上也不會太費工夫。

世界上徵收消費稅的國家都會一併使用費用單據，但是日本似乎沒有導入的意思。這樣難道不會因為擔心業者逃稅，搞得大家疑神疑鬼的嗎？

Lesson 38

# 個人編號制度可以防止逃稅

與其討論稅率調不調的問題，不如嚴防逃稅，如果可以辦到，稅收應該能增加不少。

## 稅制不可能讓所有人都滿意

理想的稅制是什麼樣子？

**只要自己的稅金可以更加便宜，大多數人認為這就是好的稅制，因此政府恐怕無法訂出一個讓所有人都滿意的稅制。**即使如此，我們仍應盡可能地追求公平的稅制。

日本有各式各樣的徵收項目，而個人繳納的稅金有所得稅、遺產稅、消費稅等。其中消費稅是比例稅，任何人購買相同的東西都必須繳納同樣的稅款。另一方面，所得稅和遺產稅則是累進稅，因此當所得或繼承的財產愈多，稅率就愈高。

有些人認為這類型稅收的稅率也要固定才公平，但我想大多數人都同意有能力繳稅的人應該繳更多稅。只是，如果高所得者的所得稅率太高，他們很可能會離開本國，到稅金更低的國家居住。也有一些國家試圖利用減稅來吸引有錢人。

在日本，所得稅的最高稅率曾經高到七十％，後於二〇一五年調降至四十五％（這個數字還是比幾年前高了一些）。

## 為了防止逃稅，我們應該做些什麼？

**從公平的角度來看，絕對不能忽視的一點，就是該收的稅還沒有收到。**由於日本採用預扣所得稅這個世界稀有的制度，在企業內工作的人幾乎不太能在繳稅上動手腳，因為雇主必須事先計算好所得稅並代本人進行繳納。另一方面，如果是自營業者，由於稅務署無法百分之百掌握他們的所有收入，預估逃稅狀況可能相當嚴重。

本書的上一個版本曾經呼籲應該導入納稅人識別號碼制度，二〇一五年，日本終於導入了個人編號制度（My number）（注1）。導入後可能產生各式各樣的影響，期待這個制度能夠達到防止逃稅的效果。

---

注1：類似國民身分證，用意為提高國民的便利性及行政效率。

## 個人編號制度的批評聲浪大，但仍有優點

### 個人編號制度（社會保障與納稅人識別號碼制度）

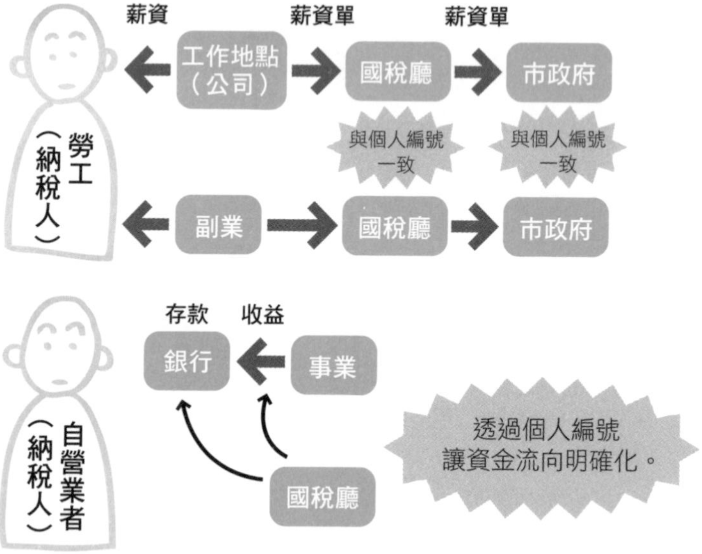


隱匿所得曝光！防止逃稅！

一個具體的例子是個人所得逃漏稅得以曝光。公司支付薪水給員工時，通常會事先扣繳符合薪資額度的稅金，並發給員工源泉徵收票（注2）。在複數公司領薪水的人，納稅申報時必須一併申報。然而，由於確實申報所得加總後，可能造成必須額外支付比起預扣所得稅更高的稅金，所以有些人會因為不願意額外繳稅，而不進行納稅申報的動作。

這類行為等於逃漏稅，是政府取締的對象。但是過去由於稅務署比對源泉徵收票需要大量勞力作業，因此目前為止都因為忙不過來而作罷。現在由於源泉徵收票上同時記載了個人編號，很簡單就可以對照資料。不只可以簡單發現逃漏稅，也能大幅降低徵稅成本。

從保護個資的觀點來看，有些人認為個人編號制度是必須關注的問題；**只是若從改善逃漏稅、不讓正當繳稅者背負逃稅者稅金的角度來看，個人編號制度是非常有優勢的制度。**

注2：薪資所得稅代扣及繳納憑證。

Lesson 39

# 貿易收支的真正意涵

貿易逆差是虧損，順差是盈餘？
其實不盡然。

## 樂見順差是過去的「重商主義」

就像討厭財政赤字、喜歡黑字的人，大部分的人也討厭貿易逆差，偏愛順差。自己的國家累積了貿易盈餘或黃金儲備餘額增加，感覺上好像就等於國力增強。

然而，**把貿易順差、黃金儲備和國力劃上等號的思考模式，就是所謂的「重商主義」，而重商主義是很久以前就被主流經濟學放棄的思考方式**。

十六世紀中期，西班牙毀滅印加帝國，並從中南美洲掠奪了大量黃金，小心翼翼地運回本國。然後發生什麼事了呢？沒錯，就是通貨膨脹（物價上升）。當商品和服務的供給量沒有增加，只有貨幣（在當時是黃金）增加時，必然發生通貨膨脹、市場價格上升的狀況。事實上，當時還被視為小國的英國反而在那段時間盡全力擴大生產力，並在後來擊倒西班牙，急速抬頭成為世界霸主。

國家富強的關鍵不在於有多少貨幣和金子，在於人類創造出來的商品和服務（當然自然環境對人類來說也是無價之寶）。

## 貿易逆差也可視為經濟活絡的象徵

美國總統川普認為美國對日本的貿易逆差是一個必須解決的問題。他的目標似乎是讓美國成為貿易順差國。然而，以貿易順差為目標並不適合做為經濟政策的目標。我將在後面一一解釋。

貿易收支指的是輸出入汽車或麵粉等商品（物品），然而目前國際之間的資金交易不僅限於貿易，還包含服務、金融等，而且這些交易更為活躍，因此一般較常以包含這些交易的經常收支作為判斷的基準。我會將說明擴大到經常收支，而不會侷限於貨品貿易的部分。

之前的篇幅提到，與其把商品和服務的交易限定在本國內，不如跨越國家藩籬，讓國與國之間自由貿易，這對所有國家來說都更為有利（詳見Lesson 11）。自

## 「順差就是賺，逆差就是虧」，這種想法過於簡化

各國人民和企業透過合理判斷來使用他們的財富，例如購買商品、存款等。

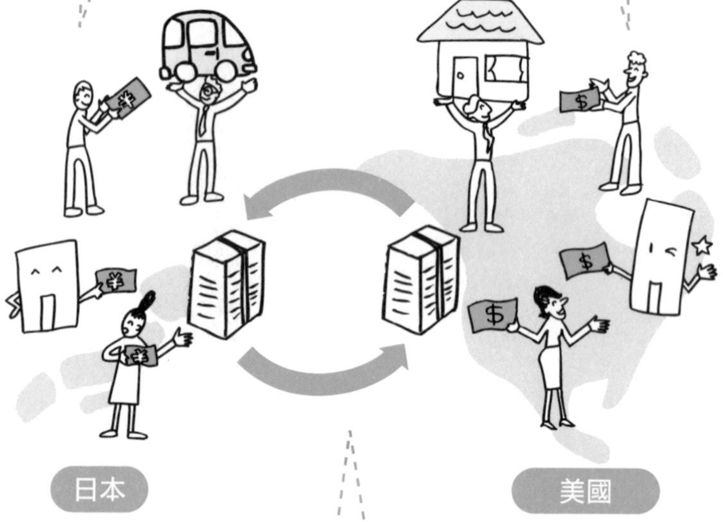


在這些經濟活動當中，有一部分剛好跨越了國境，而貿易順逆差，就是把這些金流總結計算的結果。

由交易（貿易）的結果，就是有逆差國，也會有順差國。對一個國內需求高於國內生產（供應）的國家來說，因為大量向國外進口，所以會呈現貿易逆差的狀態。

相反地，如果該國的國內生產高於需求，就會產生貿易順差。我們也可以這樣說，貿易逆差國因為內需旺盛，經濟反而更為活躍。

一個國家若希望經常收支出現盈餘，該怎麼做呢？簡單來說，只要促進商品和服務輸出並限制輸入即可。例如，到國外旅行時，在國外的所有住宿、飲食和伴手禮都要花錢，這對經常收支來說跟輸入是同樣的意思。因此只要針對國民出國旅行一事進行管制，經常收支就會傾向盈餘。你想住在這種國家嗎？

另外，世界各國的虧損跟盈餘總計為零。只要有貿易盈餘的國家，就一定也會有虧損的國家。如果所有國家都以經常收支盈餘為目標制定經濟政策，將會變成輸入管制的競爭（世界貿易和海外遊客減少），世界經濟也會因此嚴重停滯。世界各國積極地互相貿易可以活化各國經濟，不管結果是盈餘還是赤字都不需要太過擔心。實際上，進入二十一世紀以後，美國和英國的經常收支大多持續赤字，但是他們仍然維持著高度的經濟成長率。貿易收支、經常收支、盈餘、虧損等，這些術語經常是誤會的源頭，因此在使用上還是謹慎小心一點比較好。

Lesson 40

# 產油國明明相當富有，為什麼無法成為已開發國家？

「中等所得陷阱」和「石油詛咒」正在使產油國與已開發國家漸行漸遠。

## 為什麼產油國難以成為已開發國家

已開發國家，指的是經濟富裕、生活水準高的國家。

提到世界上的已開發國家，我們會連想到英國、德國等西歐各國、美洲的美國和加拿大、大洋洲的澳洲和紐西蘭，最後則是亞洲的日本等，但是這些國家並不是自古以來就是已開發國家。

歐洲在中世紀時期，不管在知識還是技術方面，都沒有辦法跟更先進的伊斯蘭國家和中國比擬。英國也並非一直是歐洲霸主，歐洲也曾經有過西班牙和葡萄牙稱霸的時代。到了現代，由於資金和技術的轉移變得更容易，新興工業化國家和開發中國家只要實現經濟發展，總有一天也會進入已開發國家的行列。

然而，在過去幾十年內，已開發國家的數量並沒有逐漸變多。到底是什麼原因妨礙了這些國家的經濟發展？

## 產油國獨有的特徵阻礙發展

在國家發展上，有一種現象被稱為「中等所得陷阱」。**許多國家儘管人均所得穩定成長至接近一萬美金，但總在即將超越一萬美金之前驟然停滯、遲遲無法上升。**（日本、新加坡、香港、韓國等國是例外。）

事實上，許多開發中國家以低廉的工資作為武器，靠出口賺取利潤來成為新興工業化國家。然而，一旦成為新興工業化國家，勞工薪水提高，過去的競爭力也不復存在。如果要擠身進已開發國家，便必須從別的方式著手，例如技術升級等，成功與否也將是國家能否成為已開發國家的關鍵。

在中東，有些國家因盛產石油相當富有。這些國家的王室極盡豪奢的程度，是日本富豪完全無法比擬的。但是，石油總有枯竭的一天，所以這些國家都希望趁現在擠身進已開發國家的行列。

## 產油國很難成為已開發國家

因為輸出石油使本國貨幣升值，難以培育其他出口產業。並且產油國大部分都是中東國家和俄羅斯這類型的極權國家。

掌權者牢牢掌握住石油的開採權，
為了保有權力壓抑國民，
使國家無法發展民主主義。
經濟活動的自由度也很低，
等於扼殺了經濟成長的幼苗。

因為非常富有，所以花錢用心建設國家，但依然不是已開發國家。這個現象被稱為「石油詛咒」。

原因之一是國家靠石油賺取大量外匯，貨幣價格提升了，但也導致難以培育其他的出口產業。而且，產油國大部分是中東國家和俄羅斯這類型的極權國家。**掌權者牢牢掌握住石油的開採權，為了保有權力壓抑國民，使國家無法發展民主主義。**並且由於經濟活動的自由度很低，等於扼殺了經濟成長的幼苗。

日本因為缺乏石油等地下資源，因此不自覺羨慕起產油國這種資源豐富的國家。然而，國民勤奮工作才能走上通往已開發國家的道路，日本已經實現了。如果日本可以開採石油，事情將會如何演變呢？

Lesson 41

# 該怎麼做才能振興日本農業？

政府為了保護農業而投入大量預算，是錯誤的做法。

## 日本的糧食自給率為何偏低？

比較利益理論已經很清楚地告訴我們（詳見Lesson 11），透過自由貿易讓各國把生產動能集中在自己拿手的領域，就結果上來說，對所有國家都更為有利。在農產品方面，如果只考量當前的經濟效率，貿易自由化是最好的選擇。

但是，農產品是糧食，對人類來說，糧食是每天生活不可或缺的東西。另外，農產品跟工業製品不同，無法大量而穩定地生產。未來地球人口逐漸增加，最重要的農地卻不會等比例擴大。甚至因為沙漠化的關係，導致農地面積慢慢變小。

**從保障糧食安全的角度來看，大多數國家都會盡量保障國內農業，以求提升糧食自給率**。日本政府也為了保護農業，長期投入大量預算，以求達成提升糧食自給率的目標。但目前仍然看不到成效。

受到政府保護的產業，大部分都能發展到一定程度的規模。然後就會有利可圖，意味著可以輕鬆賺錢。例如，過去的大藏省（現為財務省）長期保護銀行，過去的運輸省（現為國土交通省）長期保護航空客運業，過去的厚生省（現為厚生勞動省）則長期保護製藥產業。

當時，一般民眾的存款利率被壓低，並且持續支付高額的機票和醫藥費，而業界內的企業卻能賺取巨額利益。現在因為產業自由化的關係（減少保護產業），機票的費用變得便宜許多。銀行跟航空公司因為競爭愈來愈激烈，有些公司因此經營失敗而破產。

另一方面，日本的農業雖然受到保護，但完全沒有發揮效果，除了最重要的糧食自給率仍然持續下降之外，農家也幾乎沒有任何利潤。

許多已開發國家保護本國農業並發揮其價值，不僅糧食自給率上升，有的甚至還成為農產品輸出國，為什麼只有日本的農業發展成現在這樣？除了保護的方法錯誤以外，也沒有其他原因了。

## 各國的糧食自給率（以熱量為計算基礎）

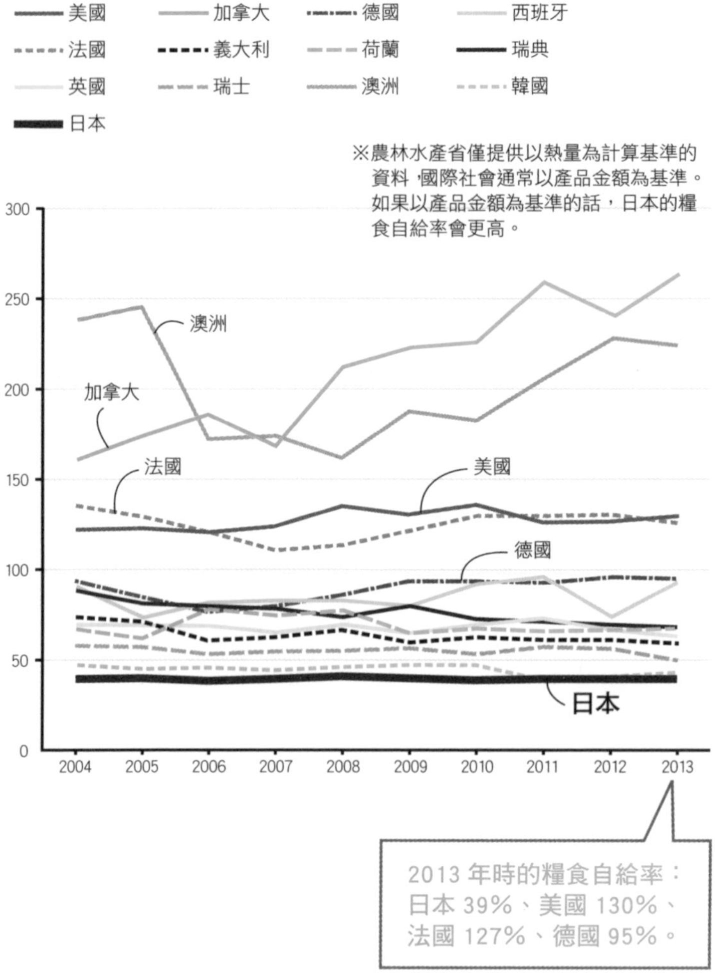
美國
加拿大
德國
西班牙
法國
義大利
荷蘭
瑞典
英國
瑞士
澳洲
韓國
日本
※農林水產省僅提供以熱量為計算基準的資料，國際社會通常以產品金額為基準。如果以產品金額為基準的話，日本的糧食自給率會更高。
300
250
200
150
100
50
0
2004
2005
2006
2007
2008
2009
2010
2011
2012
2013
澳洲
加拿大
法國
美國
德國
日本
2013 年時的糧食自給率：
日本 39%、美國 130%、
法國 127%、德國 95%。

（統計圖表是根據農林水產省官網發布的資料製作而成。）

## 貿易自由化的同時施行農業保護

保護農業不等於保護農家。這句話看似不近人情，然而即使農業需要保護，也不代表必須保護所有的農家。

至今為止，日本政府不僅保護一般農家，連同一般上班族在閒暇之餘兼做農活的兼職農家，都可以從農業保護中受益。另外，日本也曾推行一項農業政策，投入了高額預算，保護的卻是土木工程業者而非農家。日本必須廢除這些農業政策，施行可以讓規模完整的主力農家充分發揮創意和能力的政策。

**然而，已開發國家跟開發中國家不同，不太可能給予農業相對於工業或服務業更高的優勢**。也就是說，已開發國家的農民不管再怎麼努力，也不太可能達到等同於其他產業的所得水準。

至今為止，日本的農業保護是透過農產品的輸入管制等方式，讓進口農產品的價格更高，但是也可以採用其他方法，例如盡可能地促進貿易自由化，同時針對優質的主力農家給予所得補償。這麼做還有一個優點，就是使農業保護的支出成本透明化。

Lesson 42

# 「故鄉納稅」的好處

捐款給出生地或想支援的地區以減稅，即為「故鄉納稅」。

## 關於稅金減額

日本的稅金有很多種類，其中消費稅是所有國人在每次購物時都必須繳納的稅種。擁有汽車的人需繳納汽車稅，另外，所得超過一定金額的人，則必須繳納所得稅和住民稅。

住民稅是利用市府服務（如收垃圾等）的代價，所以支付對象是居住地的政府單位。東京這類型的都會區都有大量住民稅，但是都會區以外的地方就不是這樣了。

假如你曾在地方受教育，畢業後離家到都會區發展，自然會想要回到出生地為自己的家鄉盡一份力。也有些人想支援的不是出生地，可能是災區或是自己喜歡的地方。對這些人來說，故鄉納稅就是可以活用的制度。

這個制度的機制是：**若你向選定的地方政府捐款（雖然通稱故鄉「納稅」，嚴格來說應該是捐款）超過兩千圓，就能從所得稅和個人住民稅之中扣除超出金額的稅金**（注）。

例如，如果捐款一萬圓，就能節省八千圓的稅金。差額的兩千圓是自己負擔的部分。另外，有些地方政府還會針對捐款回贈地方特產。以前有可能會收到價值超過捐款金額一半的回禮，但是總務省在二〇一七年四月要求地方政府不可贈送價值超過捐款金額三成的禮品，因此稍微制止了這個行為。

假如捐款一萬圓並收到三千圓的禮品，由於自己負擔的金額是兩千圓，算起來捐款比不捐款多賺一千圓。捐款五萬圓，收到一萬五千圓特產的狀況，扣掉兩千圓等於賺了一萬三千圓。

## 故鄉納稅必須注意這件事

活用故鄉納稅時有一點需注意。

---

注：捐款後，扣除自負額兩千圓，所捐出的故鄉稅可抵扣該年度的所得稅與下一年度的住民稅。

## 故鄉納稅竟然這麼划算

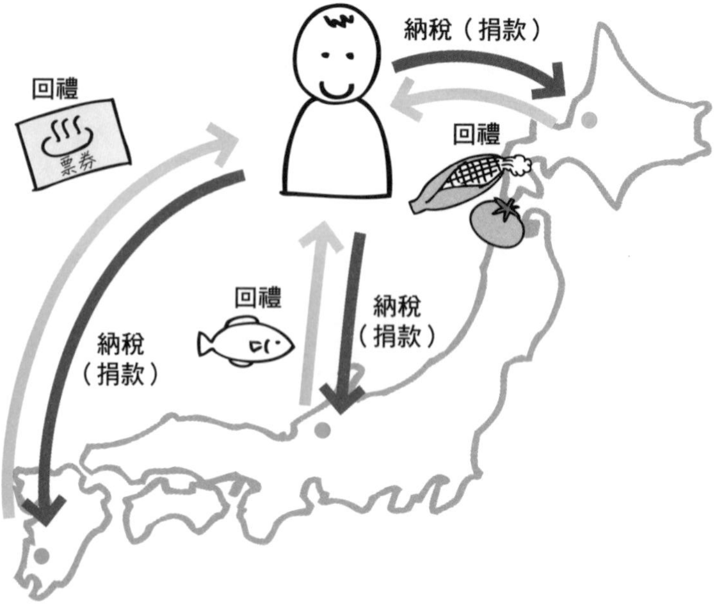


捐款金額若超過兩千圓，
超過的錢會以所得稅的退稅、
住民稅的扣除額等形式回饋到自己身上。
而且接受捐款的機構還會回贈禮品（特產）！

根據所得和家庭構成狀況，能夠扣除的稅金就是捐款金額上限。（對不需要付所得稅和住民稅的人來說這本來就無關緊要）另外，如果你有房貸扣除額的話，可能也無法利用這個制度。並且，也不是捐款之後稅金就會自動變便宜，捐款人必須自己辦理並完成必要手續才行。根據狀況也有可能必須進行納稅申報。

另外還有一點必須注意，今年的捐款不會讓今年的稅金變便宜，因捐款可扣除的額度將會從明年的稅金裡扣除。因此今年的捐款會暫時成為家計的負擔。

**如果你的目標只是想拿回禮就另當別論，但故鄉納稅確實在日本稅金的既有模式中掀起一陣熱潮。地方政府為提高城鄉魅力切磋琢磨，或許也能促進區域振興吧。**

最後還有一點，正如各位知道的，故鄉納稅對於必須支付更多住民稅的高所得者來說是大利多。從公平的角度來看可能是一大問題。

Lesson 43

# 年金制度該如何制定？

年輕世代能領到的退休金會低於自己支付的金額。

## 公共年金制度周轉不靈

退休準備金是必要的，但不是所有人都在年輕時就有計畫性地進行儲蓄。政府因此介入，制定了預先定期支付退休金的公共年金制度。

公共年金有「提存準備制」和「隨收隨付制」兩種方式。提存準備制就是年輕的自己為老年後的自己存錢。這個方式不存在因為未來人口結構的變化而無法支領的問題。日本的年金制度在一開始時是採用提存準備制，後來修正該制度並稱之為「修正提存準備制」，現在更進一步更改，基本上已經等於變更為隨收隨付制了。

**隨收隨付制則是當前工作人口支付的保險費，直接成為當前退休世代的退休金的一種制度。**如果年金額度沒有大幅削減，像日本這類少子高齡化的社會若採用這個制度，年金將會無法周轉過來。因為年金給付的人數增加，但支付保險金的工作人口卻愈來愈少的關係。

順帶一提，日本政府給付給當前退休世代的年金額度，遠高於目前工作世代支付的保險金額度。據說未來支付所需的準備金跟目前實際的準備金之間的差額（準備金不足），已經高達數百兆圓。

## 稅制與年金的一體化改革

為什麼事情會惡化到這個地步？其中一個原因是一九七〇年代以後，自民黨政權為了博取人氣而開始大動作討好高齡者。

政府同意支付他們比自己支付的保險金高出好幾倍的年金。結果，**上個世代可以支領的年金遠遠超出他們當時支付的額度，而現在的年輕人卻只能領到遠低於自己支付金額的年金**。這實在是太不公平了。

罪孽深重的不只是沒有好好管理年金的前社會保險廳，厚生勞動省的官僚也責無旁貸，不只把過去曾經充裕的準備金當成自己的錢一樣，不斷地提供給民間的特

## 「提存準備制」和「隨收隨付制」

### 提存準備制

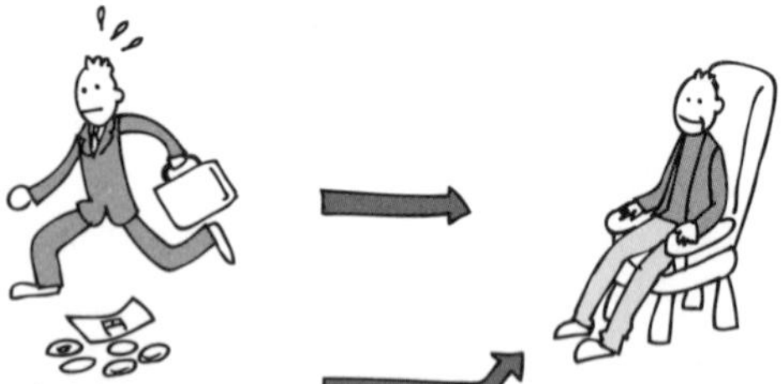
年輕時工作
存退休金。
老了以後支領。
★不會因為少子化
而領不到退休金。

### 隨收隨付制

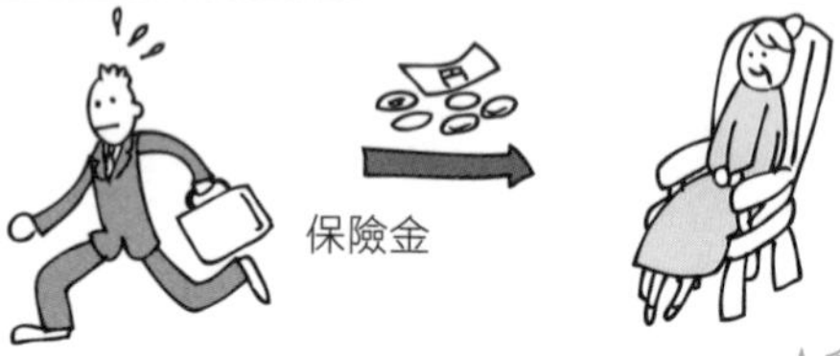
保險金
當前工作人口支付的保險金
直接支付給當前的老年世代。
★會因為少子化
而周轉不靈。

### 稅制與年金的一體化改革

稅金
（消費稅等）

**年金不以保險金支付，改由稅金支付。**
**例如消費稅就是每個人都必須支付的稅金。**

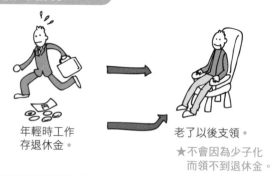

殊法人，甚至拿去蓋沒用的大型設施。

那麼到底該怎麼做才好？

**如果能從根本上進行改革，我希望能執行「稅制與年金的一體化改革」。**

目前已經有高達四十％的民眾沒有支付國民年金（五％不需支付，三十五％是需支付但未支付），理論上應支付但未支付的人在退休後也不能支領年金，可是國家不能因為「那是你們的責任，餓死算了！」就不顧這些人。因此仍必須靠最低生活保障等制度來救濟這些人。

最低生活保障金由稅金支付，可能對稅金造成不好的影響，既然如此，不如一開始就把年金和稅金制度合併在一起更單純。如果能把徵收保險金的組織跟國稅廳或稅務署合併的話就更有效率了。

Lesson 44

# GDP計算的是什麼數字？

GDP增加不一定代表國家變得更富有。

## GDP教會我們的事

經濟學基本上認為頻繁的經濟活動（金錢的流動）會為人類帶來富足的生活。

一般來說，我們將GDP（國內生產總值）視為國家富有程度的指標。**GDP是國內生產與附加價值的加總，並且只計算有資金往來的項目。**

那麼我們是否能從GDP看出一個國家真正的富有程度？

在經濟學的世界裡，有一個著名的寓言故事是這麼說的：

A國和B國是相鄰的兩個國家，不僅人口相當，GDP也相近。同時這兩個國家都沒有蚊子，兩國人民在夏天的夜晚都不必煩惱蚊子的問題。

然而有一年，A國政府從國外進口蚊子並散播到全國各地，A國的國民受不了蚊子的侵擾紛紛到處搶購蚊香。結果A國的蚊香產業因此發展興盛，GDP也因此遠遠超過B國。

問題來了，現在A國和B國哪個國家的人民過著較富裕的生活？

還有一個故事是這樣的：

南國小島的海邊，當地人在午後悠閒地午睡。

從鄰近國家來的有錢觀光客看了，說：「你們不該休息，應該更認真工作才對。」當地人聽了問他：「為什麼我們非得工作不可？」

「只要工作就能賺錢！」有錢觀光客開朗地回道。但是當地人立即回問：「有錢可以幹嘛？」

「有錢以後，你們就可以像我一樣休假到南國度假了。」

當地人聽了以後，笑道：「什麼嘛，那跟我們現在的生活一樣啊！」

## 到底哪一邊比較幸福？

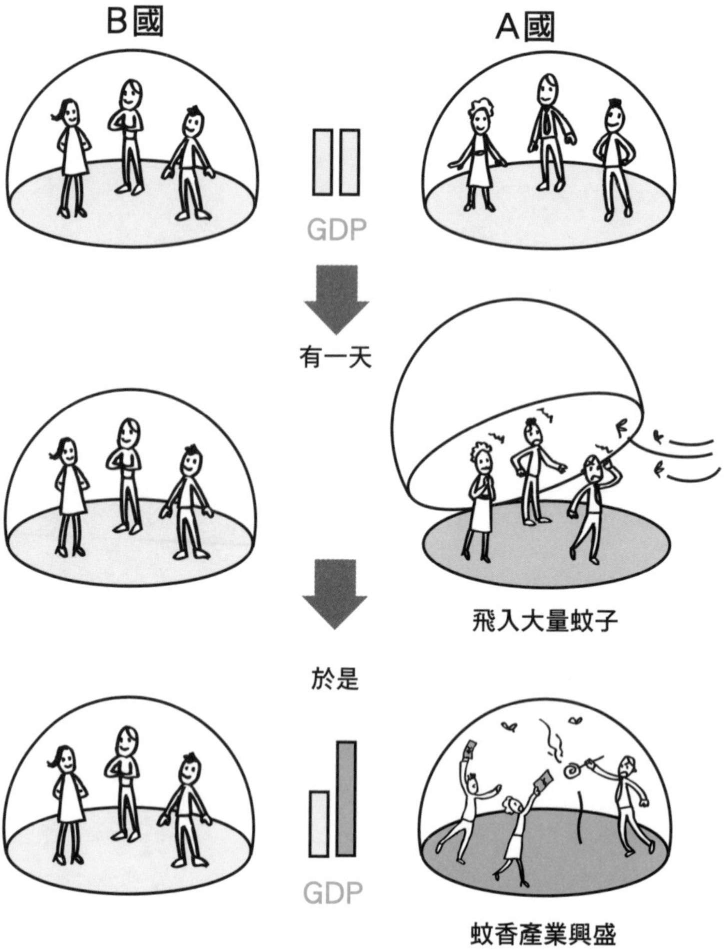


只要有資金流動GDP就會高，
但是GDP升高也不代表生活一定更幸福。

## 經濟富饒不一定等於生活富足

撇開寓言故事，我們來看現實狀況。

假如你的腳踏車發生故障，如果你能自己修好代表沒有附加價值，因此這項活動不會被算入GDP；但是如果把腳踏車牽到腳踏車行付錢請師傅修理，就會增加GDP。珍惜並反覆穿著舊衣也跟GDP無關，丟掉舊衣購買新衣才能使經濟成長。

煩惱的時候有可以商量的朋友，和沒朋友花錢找顧問諮詢，哪一種生活比較富足呢？

**什麼都用錢來解決，國家的GDP就會提高，但這不一定代表該國人民過著更加富足的生活。**

Lesson 45

# 有錢就能得到幸福嗎？

有錢不一定買得到幸福，但是沒錢一定不會幸福。

## 只是有錢並不會幸福

常有人說：「錢不能買到幸福。」另一方面，也有人大言不慚地說：「只有錢不夠的人才會說錢不能買到幸福這種蠢話。」到底哪一邊才是正確的呢？

美國曾經針對樂透中獎者的幸福指數進行研究。

根據這項研究報告，中獎者在中獎後比中獎之前幸福好幾倍，但是這種幸福感會漸漸下滑，一年後甚至下滑到比中獎之前還要低的程度。

如果你問年輕人：「你覺得怎麼做才會更幸福？」假如他當時的回覆是：「如果我能買車。」幾年後這個人買了車，你再問他一樣的問題，這次他回答：「如果我能買房子就會更幸福。」後來他買了房子，同樣的問題他會告訴你：「我想要別墅。」人類的慾望是沒有極限的。不只美國和日本，**到各國針對幸福感做問卷調查，會發現該國經濟發展的幅度和幸福感之間並沒有明確的正向關係。**

另外，貧窮國家的人們通常不太幸福，有一個說法是，當他們達到一定的富裕程度，之後再怎麼提升財富，幸福感都不會繼續提升。

雖然日本在戰後的高度經濟成長期以非常快的速度變得更富有，但是那段時間人民的幸福感並沒有太大的變化。這真是一個難解的謎題。

**雖然很多人都認為「只要致富就能得到幸福」，但是對這些人來說，幸福就像怎麼追都追不上的海市蜃樓。**幸福或許藏在讓人更意想不到的地方也說不一定。

正如卓別林在電影《舞台春秋》（Limelight）裡的一段著名台詞：「人生只要有勇氣、想像力和一點點錢就夠了。」

## 但是，認真工作一定要有回報

有錢不一定會幸福，但如果太過貧窮，也很難得到幸福。

世界上存在著幾個非常貧窮的國家。對富有國來說，食物和藥物雖然是小錢，

## 靠錢追逐的幸福永遠追不完

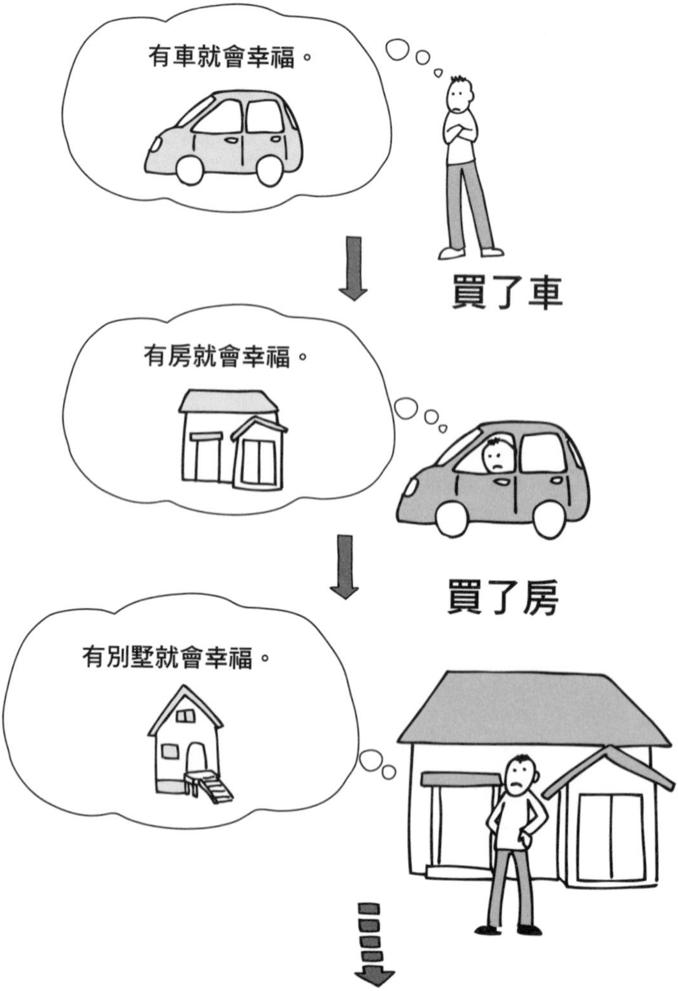


到底什麼時候才能得到幸福？

但這些國家的人民卻因為買不起食物和藥物，導致許多孩子失去健康，甚至飢餓至死。對這些貧窮國來說，一定要想辦法變得更富有。已開發國家也應該積極給予支援才是。

然而麻煩的是，這些讓人民餓死的國家，通常有著不民主又腐敗的政府。即使人民認真工作，也不能自由地從事經濟活動。你在政府官員或政客之中有沒有人脈？如果不出錢賄賂，再怎麼努力也不可能往上爬。對一個政府正不遺餘力剝削人民的國家來說，要走上富足的道路是極端困難的。

反觀日本的狀況又是如何呢？應該很少政府官員或政客敢大剌剌地要求賄賂吧？但是，只要利用預算和許可、認可權，想辦法創造政府和民間企業的垂直關係，就能靠稅金中飽私囊，這跟收受賄賂一樣可惡。

**一個認真工作就有回報、善待弱勢者的社會不可能自然誕生，也不是光靠政府就能實現，還需要有每個人的行動和努力才行。**

國家圖書館出版品預行編目(CIP)資料

一看就懂！90分鐘速成經濟學入門：教你看懂經濟，洞悉世界運作的45堂課 / 長瀨勝彥著；吳亭儀譯. -- 初版. -- 臺北市：商周出版：家庭傳媒城邦分公司發行, 民109.06
216面；14.8×21公分. -- (ideaman；118)
譯自：図解 90分でわかる経済のしくみ
ISBN 978-986-477-839-3(平裝)

1.經濟學

550　　109005883

ideaman 118

**一看就懂！90分鐘速成經濟學入門**

教你看懂經濟，洞悉世界運作的45堂課

原著書名／図解 90分でわかる経済のしくみ
原出版社／Discover 21
作　　者／長瀨勝彥
譯　　者／吳亭儀
企劃選書／劉枚瑛
責任編輯／劉枚瑛

版　權　部／黃淑敏、翁靜如、邱珮芸
行銷業務／莊英傑、黃崇華、張媖茜
總　編　輯／何宜珍
總　經　理／彭之琬
事業群總經理／黃淑貞
發　行　人／何飛鵬
法律顧問／元禾法律事務所　王子文律師
出　　版／商周出版
台北市104中山區民生東路二段141號9樓
電話：(02) 2500-7008　傳真：(02) 2500-7759
E-mail：bwp.service@cite.com.tw
Blog：http://bwp25007008.pixnet.net./blog
發　　行／英屬蓋曼群島商家庭傳媒股份有限公司城邦分公司
台北市104中山區民生東路二段141號2樓
書虫客服專線：(02)2500-7718、(02) 2500-7719
服務時間：週一至週五上午09:30-12:00；下午13:30-17:00
24小時傳真專線：(02) 2500-1990；(02) 2500-1991
劃撥帳號：19863813　戶名：書虫股份有限公司
讀者服務信箱：service@readingclub.com.tw
城邦讀書花園：www.cite.com.tw
香港發行所／城邦(香港)出版群組有限公司
香港灣仔駱克道193號超商業中心1樓
電話：(852) 25086231傳真：(852) 25789337
E-mailL：hkcite@biznetvigator.com
馬新發行所／城邦(馬新)出版群組【Cité (M) Sdn. Bhd】
41, Jalan Radin Anum, Bandar Baru Sri Petaling,
57000 Kuala Lumpur, Malaysia.
電話：(603)90578822　傳真：(603)90576622
E-mail：cite@cite.com.my

美術設計／簡至成
印　　刷／卡樂彩色製版印刷有限公司
經　銷　商／聯合發行股份有限公司
電話：(02)2917-8022　傳真：(02)2911-0053

■2020年（民109）6月2日初版
定價／350元

Printed in Taiwan

城邦讀書花園
www.cite.com.tw


ISBN 978-986-477-839-3

図解　90分でわかる経済のしくみ
ZUKAI 90 PUN DE WAKARU KEIZAI NO SHIKUMI

商周出版

| 廣　告　回　函 |
|---|
| 北區郵政管理登記證 |
| 台北廣字第 000791 號 |
| 郵資已付，免貼郵票 |

104 台北市民生東路二段 141 號 B1
英屬蓋曼群島商家庭傳媒股份有限公司
城邦分公司

請沿虛線對摺，謝謝！

商周出版

書號：BI7118　　書名：一看就懂！ 90 分鐘速成經濟學入門　　編碼：

請於此處用膠水黏貼

商周出版

# 讀者回函卡

謝謝您購買我們出版的書籍！請費心填寫此回函卡，我們將不定期寄上城邦集團最新的出版訊息。

姓名：______________________　　性別：□男　□女

生日：西元 __________ 年 __________ 月 __________ 日

地址：______________________________

聯絡電話：______________　傳真：______________

E-mail：______________________________

學歷：□ 1. 小學　□ 2. 國中　□ 3. 高中　□ 4. 大專　□ 5. 研究所以上

職業：□ 1. 學生　□ 2. 軍公教　□ 3. 服務　□ 4. 金融　□ 5. 製造　□ 6. 資訊

□ 7. 傳播　□ 8. 自由業　□ 9. 農漁牧　□ 10. 家管　□ 11. 退休

□ 12. 其他 ______________________

您從何種方式得知本書消息？

□ 1. 書店　□ 2. 網路　□ 3. 報紙　□ 4. 雜誌　□ 5. 廣播　□ 6. 電視

□ 7. 親友推薦　□ 8. 其他 ______________

您通常以何種方式購書？

□ 1. 書店　□ 2. 網路　□ 3. 傳真訂購　□ 4. 郵局劃撥　□ 5. 其他 ____

對我們的建議：______________________________

______________________________

______________________________

______________________________

______________________________

______________________________



請於此處用膠水黏貼